COUNTERPATH   DENVER   2014

Nick Montfort

(SHEBANG)!

CONTENTS

Foreword	vii
Round	2
Taroko Gorge	10
I Am That I Am	18
Through the Park	20
The First M Numbers	26
Ruby Yacht	32
Concrete Perl..	
All the Names of God	36
Alphabet Expanding	50
ASCII Hegemony	64
Letterformed Terrain	78
ppg256..	
ppg256-1	94
ppg256-2	102
ppg256-3	110
ppg256-4	118
ppg256-5	126
ppg256-6	134
ppg256-7	142
Acknowledgments	147

Counterpath
Denver, Colorado
www.counterpathpress.org

@ 2014 by Nick Montfort
All rights reserved.

All programs in this book are either explicitly licensed as free software or are too short to be afforded copyright protection. For the exact license terms of the longer programs, and to access them in executable format, visit nickm.com/code.

Library of Congress Cataloging in Publication Data
is available from the publisher.

FOREWORD

From a new twist on nature poetry to austerely patterned visual poetry to a hilarious riff on conceptual writing (Claude Closky's *First Thousand Numbers Classified in Alphabetical Order* remediated for Roman numerals), Nick Montfort's #! leverages elegantly minimal code into expansive literary creations. With rules and constraints informed by the OuLiPo, #! presents the linguistic potential and its literary permutations en face, but this instant classic of creative computing sets itself apart from most soi-disant "digital poetry" by the degree to which it implicitly interrogates the processor capabilities, memory limits, and computational specifics of the machines required to move from its abstract engines to their particular outputs.

Moreover, Montfort folds these technical contingencies back into the thematics of his poems with brilliant wit. In the environment of the console, for example, "All the Names of God" will crash long before completing its task—with unavoidable theological implications. The pastoral "Taroko Gorge," for another instance, refracts the landscape of the famed Taiwanese park through the rhetorical lens of videogames (it is a kind of updated *Colossal Cave Adventure*), but the poem also engages the limitless horizon of the generator that underwrites its endless permutations by conflating two types of eighteenth-century sublimes: "the passion caused by the great and sublime in nature" (as Edmund Burke identified it) arises here from the Kantian mathematic sublime of theoretically infinite textual production.

In Ovid's account, Apollo—the god of poetry—required countless arrows to slay the fearsome Python and claim the tripod seat of the oracle at Delphi, from which the prophet's unintelligible phrases were parsed into perfect hexameter verse. In *#!*, Montfort conquers Python (the programming language) to the same effect. Here, accordingly, are the precious or valuable things, the virtuous or highly esteemed persons, the fine examples or types, the pertinent or wise sayings: all the perls, that is, of wisdom. Like these poems themselves, you will be (trans)ported.

—Craig Dworkin

#!

ROUND

```python
#!/usr/bin/python

def compute_pi():
    q, r, t, k, m, x = long(1), long(0), long(1), long(1), long(3), long(3)
    while True:
        if 4 * q + r - t < m * t:
            yield m
            q,r,t,k,m,x = 10*q,10*(r-m*t),t,k,(10*(3*q+r))//t-10*m,x
        else:
            q,r,t,k,m,x = q*k,(2*q+r)*x,t*x,k+1,(q*(7*k+2)+r*x)//(t*x),x+2

word = ['\n', 'in', 'crease ', 'form ', 'tends ', 'tense ', 'to ', 'tone ',
    'vent ', 'verse ']
line = ""
pi = compute_pi()
print

while True:
    digit = next(pi)
    line = line + word[digit]
    if digit == 0:
        print line
        line = ""
```

ROUND

form intends intense verse crease to tense form tense vent verse tone verse form crease form vent tends to crease to tends form form vent form crease tone verse tense

crease vent vent tends inverse tone into verse form verse verse form tone tense in

tense vent crease

verse tone tends verse tends tends tense verse crease form

tone vent into tends

to crease vent to crease

vent verse verse vent to crease vent

form tends vent crease tense form tends crease inintone

to tone verse vent crease intends vent

vent to tense inform crease vent crease form

to to tends tone

verse form vent tends tends to

verse tense tense

tense vent crease crease form intone crease tense form tense verse tends

vent increase vent tends ventininintone tends tense

crease vent tends in

crease tone

inverse form vent tense crease inin

tense tense tense verse to tends tends to crease crease verse tends vent verse tense tends verse form

form vent inverse to tends tends crease vent vent in

verse tone tense to to tense verse form form tends tends to increase vent tends tone tense to tends vent crease form form tone vent to tone vent form into tense crease tone increase

inverse

verse intends tense to tends vent tense to to verse crease form tends to

form tends vent to in

tends tense tends form crease to to tends vent crease inform form verse form to

tone crease to

crease tends verse intends increase tone form tone crease tends tense vent tone to to

to form intense tense vent vent intone tends vent vent intense crease

verse crease

verse to crease vent crease verse crease tense tends

verse intone intense form to tends form to tone vent verse crease tense verse

form to

ininform form

tense form

tense tends vent vent crease

tends to to tense crease inform vent tends intends to verse tense inverse tends intense ininto

verse tends form form

tense tone crease tone

form to tense tone tense verse tense verse inverse tense form

verse crease invent to inintone form vent inverse form crease to inintone verse form in

tense ininvent tense tends vent

tone tends tends to crease form tone verse verse to crease tone tends verse tense to tone form tense invent vent tense tone tense crease tone crease tends vent verse increase crease tone verse form vent invent form

ininverse tends verse increase verse vent form form to tone form form to crease tends tends

to tense to to tends form

vent to

crease inform verse tends verse tends to form verse tense crease crease tends tone form tone inverse

tone

crease intone verse vent to

verse tends form tone

crease tone tone

tense form verse crease intone intone to crease verse form intone to tone tense crease form vent tends to tone tends vent invent tends to tone to to verse tends

tense inform crease

tense to vent increase tone intends tense crease to form tense to

vent crease tone tone vent tense tone tone inform tends crease tone tense tone tone vent verse to verse intone form to form tone intone vent tone crease intends to vent tends tends

verse

increase crease tends verse tense form tends form

intends to tense tends verse tense vent tense form tone in

tense

tone verse crease crease tone verse to vent verse crease tense vent verse crease form tense tends crease

inverse verse tense to inincrease increase verse

crease inverse to

vent to tends

form tends tends invent intense verse vent inform to crease verse tone tone tends tone tone inform

verse verse to

tense invent tone

tone crease ininform tends verse verse verse verse verse vent form tone crease verse tone vent

tends verse verse tense in

tense verse tone form intone form crease vent into

verse to form invent tense verse tense

crease tends tends tense verse tends tense tense form tends to verse

vent form

crease to tends crease tense crease crease form

vent crease tense form form tends tends to vent tense

form tense crease to inverse form ininvent vent intone in

in

form inform tone vent form vent tone tense crease vent vent to tense vent tone tense form form crease

vent form vent intends crease

to intone intone tone to to verse intends tone form

form tense verse vent crease tense form tends verse

tends crease vent tone tense tense tends to vent tone form inintense verse tense to crease vent to form vent vent crease form tense form tone vent tone tense verse form tone tense inverse tense tone tone vent invent tense tone tone vent

tense form crease intone increase crease to vent

to to inform

inverse crease tone vent tone to to inininverse tense verse

verse crease into tends crease

inverse vent verse form vent

verse tense crease tense tone crease

in

to tense tends vent tense vent to form crease tone vent vent to tense verse form to intense form form vent invent crease tone verse to vent crease form

form

inverse tense crease

form tense form

invent tense crease verse to vent verse verse tense tone tone form to crease crease tense verse verse tends inform vent verse increase tends verse tone crease intone tone tense crease vent form tends tone verse inform intense intense tense tone tends vent tense tone crease tends crease tends tense tends intense

to verse tense verse tense

vent crease verse tense form form ininto vent to intone crease tone vent tense tense vent vent verse

tone tense

verse vent form vent intone tense tends to form tone tends to tends verse form verse form inverse crease tense tense . . .

TAROKO GORGE

```
#!/usr/bin/python

import time,random,sys
def x(s): return s.split(',')
def c(l): return random.choice(l)
a=x('brow,mist,shape,layer,the crag,stone,forest,height')
b=x('flow,basin,shape,vein,rippling,stone,cove,rock')

def f(v):
   l=globals()[v]
   i=c(l[:-1])
   l.remove(i)
   globals()[v]=l+[i]
   return i

def p(s=''):
   print s.capitalize()
   sys.stdout.flush()
   time.sleep(1.2)

def cave():
   j=['encompassing',c(x('rough,fine'))]+\
   x('sinuous,straight,objective,arched,cool,clear,dim,driven')
   t=c([1,2,3,4])
   while len(j)>t:
      j.remove(c(j))
   v=' '+c(x('track,shade,translate,stamp,progress through,direct,'+
```

```
            'run,enter'))
    return v+' the '+' '.join(j)

def path():
    v=c(x('command,pace,roam,trail,frame,sweep,exercise,range'))
    u=f('a')
    if c([0,1]):
        if u[0]=='f':
            u=c([u,u,'monkey'])
        h=u+'s '+v
    else:
        h=u+' '+v+'s'
    return h+' the '+f('b')+c(x(',s'))

def site():
    return f(c(x('a,b')))+'s '+c(x('linger,dwell,rest,relax,hold,dream,hum'))

p()
while True:
    p(path()+'.')
    m=c([0]*6+[1,2])
    for n in range(0,m):
        p(site()+'.')
    p(path()+'.')
    p()
    p(cave()+'—')
    p()
```

TAROKO GORGE

Shapes sweep the ripplings.
Brows dream.
Shapes dwell.
Layers frame the veins.

    enter the sinuous objective—

Stone trails the rocks.
Shape commands the cove.

    track the sinuous objective cool driven—

Brow roams the stones.
Shapes pace the basins.

    translate the sinuous cool driven—

Mists command the veins.
Monkeys pace the stone.

    enter the encompassing sinuous straight objective—

Shape frames the rock.
Mist trails the stones.

    track the encompassing straight arched dim—

Brows trail the shape.
Mist paces the stones.

   stamp the rough sinuous cool clear—

Layer frames the rock.
Stones relax.
Coves relax.
Stone exercises the stones.

   translate the encompassing straight cool dim—

Layers exercise the cove.
The crag paces the flow.

   stamp the cool—

Brows pace the shapes.
Heights exercise the cove.

   stamp the fine straight objective cool—

Shapes exercise the ripplings.
Stones command the flows.

   direct the encompassing arched dim—

The crags exercise the rock.
Stones hum.
Brows roam the stones.

   direct the straight clear driven—

Layers range the ripplings.

Shapes dwell.
Mists pace the vein.

   run the arched dim—

Layers trail the shape.
Forests range the rippling.

   progress through the encompassing fine—

The crag ranges the stone.
Brows command the flows.

   shade the encompassing straight dim—

The crags sweep the cove.
Height ranges the rippling.

   enter the encompassing arched driven—

Stone trails the vein.
The crag frames the flows.

   stamp the dim driven—

Mist paces the basins.
Brow paces the veins.

   enter the dim—

The crag ranges the cove.
Brow commands the flow.

   stamp the encompassing arched—

Shapes command the stones.
Layer trails the ripplings.

    shade the straight objective dim driven—

Shapes frame the vein.
Brows exercise the cove.

    track the sinuous cool dim driven—

Layer paces the basins.
Stone frames the rocks.

    run the encompassing sinuous straight driven—

Height sweeps the flows.
Shape frames the shape.

    translate the fine dim—

Mist paces the rippling.
Brows pace the flows.

    track the objective clear—

The crags roam the basin.
Brow ranges the veins.

    shade the arched clear—

Heights roam the basins.
Shape frames the stone.

    direct the straight arched cool—

Brow paces the cove.
Layers roam the rocks.

    direct the straight objective arched cool—

Brow trails the shapes.
Flows linger.
The crags pace the rippling.

    direct the fine—

Shapes trail the flow.
Forests pace the cove.

    enter the sinuous cool—

Heights frame the rocks.
Brow frames the ripplings.

    track the sinuous straight arched cool—

Layer exercises the rock.
The crag commands the flow.

    enter the driven—

Brows command the rock.
Height exercises the veins.

    stamp the driven—

Stone ranges the stones.
Height trails the shapes.

    direct the sinuous—

Stones frame the rock.
Layers frame the rippling.

    track the encompassing objective dim driven—

Forests pace the stone.
Veins hum.
Stones rest.
Stone ranges the vein.

    run the rough objective arched—

Layers command the stones.
Height roams the coves.

    progress through the rough arched dim—

Shapes range the basins.
Veins relax.
Forests range the flows.

    direct the cool clear dim driven —

Layer roams the rippling.
Height paces the basins.

    run the rough objective dim —

Stone trails the basins.
Shapes rest.
Layer commands the ripplings.

    translate the rough clear — . . .

I AM THAT I AM

```python
#!/usr/bin/python

def permutations(elements):
    if len(elements) == 0:
        yield elements
    else:
        for result in permutations(elements[1:]):
            for i in range(len(elements)):
                yield result[:i] + elements[0:1] + result[i:]

print ' '.join(list(permutations('AEIOU')))
```

I AM THAT I AM

```
AEIOU  EAIOU  EIAOU  EIOAU  EIOUA  AIEOU  IAEOU  IEAOU
IEOAU  IEOUA  AIOEU  IAOEU  IOAEU  IOEAU  IOEUA  AIOUE
IAOUE  IOAUE  IOUAE  IOUEA  AEOIU  EAOIU  EOAIU  EOIAU
EOIUA  AOEIU  OAEIU  OEAIU  OEIAU  OEIUA  AOIEU  OAIEU
OIAEU  OIEAU  OIEUA  AOIUE  OAIUE  OIAUE  OIUAE  OIUEA
AEOUI  EAOUI  EOAUI  EOUAI  EOUIA  AOEUI  OAEUI  OEAUI
OEUAI  OEUIA  AOUEI  OAUEI  OUAEI  OUEAI  OUEIA  AOUIE
OAUIE  OUAIE  OUIAE  OUIEA  AEIUO  EAIUO  EIAUO  EIUAO
EIUOA  AIEUO  IAEUO  IEAUO  IEUAO  IEUOA  AIUEO  IAUEO
IUAEO  IUEAO  IUEOA  AIUOE  IAUOE  IUAOE  IUOAE  IUOEA
AEUIO  EAUIO  EUAIO  EUIAO  EUIOA  AUEIO  UAEIO  UEAIO
UEIAO  UEIOA  AUIEO  UAIEO  UIAEO  UIEAO  UIEOA  AUIOE
UAIOE  UIAOE  UIOAE  UIOEA  AEUOI  EAUOI  EUAOI  EUOAI
EUOIA  AUEOI  UAEOI  UEAOI  UEOAI  UEOIA  AUOEI  UAOEI
UOAEI  UOEAI  UOEIA  AUOIE  UAOIE  UOAIE  UOIAE  UOIEA
```

THROUGH THE PARK

```
#!/usr/bin/python

import random, textwrap

for i in range(0, 8):
    text = ["The girl grins and grabs a granola bar",
    "The girl puts on a slutty dress",
    "The girl sets off through the park",
    "A wolf whistle sounds",
    "The girl turns to smile and wink",
    "The muscular man paces the girl",
    "Chatter and compliments cajole",
    "The man makes a fist behind his back",
    "A wildflower nods, tightly gripped",
    "A snatch of song reminds the girl of her grandmother",
    "The man and girl exchange a knowing glance",
    "The two circle",
    "Laughter booms",
    "A giggle weaves through the air",
    "The man's breathing quickens",
    "A lamp above fails to come on",
    "The man dashes, leaving pretense behind",
    "Pigeons scatter",
    "The girl runs",
    "The man's there first",
    "Things are forgotten in carelessness",
    "The girl's bag lies open",
```

```
"Pairs of people relax after journeys and work",
"The park's green is gray",
"A patrol car's siren chirps"]
phrases = 7 + random.randint(0,4)
while len(text) > phrases:
    text.remove(random.choice(text))
print "\nThrough the Park [" +  str(i+1) +  "]\n\n" + \
    textwrap.fill(". ... ".join(text) + ".", 60) + "\n\n\n\n"
```

[1]

The girl grins and grabs a granola bar. . . . The girl puts on a slutty dress. . . . The girl turns to smile and wink. . . . The man makes a fist behind his back. . . . A snatch of song reminds the girl of her grandmother. . . . Laughter booms. . . . The man's breathing quickens. . . . Pigeons scatter. . . . The girl runs. . . . Things are forgotten in carelessness. . . . The girl's bag lies open.

[2]

The girl grins and grabs a granola bar. . . . The girl turns to smile and wink. . . . A giggle weaves through the air. . . . The man's breathing quickens. . . . Pigeons scatter. . . . The man's there first. . . . Things are forgotten in carelessness. . . . The park's green is gray. . . . A patrol car's siren chirps.

[3]

A wolf whistle sounds. . . . The muscular man paces the girl. . . . The man makes a fist behind his back. . . . A wildflower nods, tightly gripped. . . . The two circle. . . . The man's there first. . . . Things are forgotten in carelessness. . . . The girl's bag lies open. . . . The park's green is gray.

[4]

A wildflower nods, tightly gripped. . . . The two circle. . . . The man's breathing quickens. . . . A lamp above fails to come on. . . . The man dashes, leaving pretense behind. . . . Pigeons scatter. . . . The girl runs. . . . The girl's bag lies open. . . . The park's green is gray.

[5]

The girl grins and grabs a granola bar. . . . The girl puts on a slutty dress. . . . A wolf whistle sounds. . . . The girl turns to smile and wink. . . . Chatter and compliments cajole. . . . The man makes a fist behind his back. . . . A snatch of song reminds the girl of her grandmother. . . . The man and girl exchange a knowing glance. . . . Laughter booms. . . . The man's breathing quickens.

[6]

The girl sets off through the park. . . . A wolf whistle sounds. . . . The girl turns to smile and wink. . . . The muscular man paces the girl. . . . A wildflower nods, tightly gripped. . . . The man and girl exchange a knowing glance. . . . Laughter booms. . . . A giggle weaves through the air. . . . The man dashes, leaving pretense behind. . . . Pigeons scatter. . . . Things are forgotten in carelessness.

[7]

The girl puts on a slutty dress. . . . A wolf whistle sounds. . . . The muscular man paces the girl. . . . Chatter and compliments cajole. . . . A snatch of song reminds the girl of her grandmother. . . . Laughter booms. . . . The man dashes, leaving pretense behind. . . . The man's there first. . . . Things are forgotten in carelessness. . . . Pairs of people relax after journeys and work.

[8]

The girl puts on a slutty dress. . . . The man makes a fist behind his back. . . . A snatch of song reminds the girl of her grandmother. . . . The man and girl exchange a knowing glance. . . . A giggle weaves through the air. . . . The man's breathing quickens. . . . The girl runs. . . . Things are forgotten in carelessness.

THE FIRST M NUMBERS

```
#!/usr/bin/python

def romanize(arabic):
    """Return the appropriate roman numeral.
    Should work for numbers in (1, 4999)."""
    numerals = [(1000, 'M'), (500, 'D'), (100, 'C'),
        (50, 'L'), (10, 'X'), (5, 'V'), (1, 'I')]
    smaller = {1000: (100, 'C'), 500: (100, 'C'),
        100: (10, 'X'), 50: (10, 'X'), 10: (1, 'I'),
        5: (1, 'I')}
    roman = ''
    for (value, numeral) in numerals:
        roman += (arabic / value) * numeral
        arabic -= (arabic / value) * value
        if value in smaller and arabic >= value - smaller[value][0]:
            roman += smaller[value][1] + numeral
            arabic -= (value - smaller[value][0])
    return roman

nums = []
for i in range(1, 1001):
    nums += [romanize(i)]
nums.sort()
print ' '.join(nums)
```

THE FIRST M NUMBERS

C CC CCC CCCI CCCII CCCIII CCCIV CCCIX CCCL CCCLI
CCCLII CCCLIII CCCLIV CCCLIX CCCLV CCCLVI CCCLVII
CCCLVIII CCCLX CCCLXI CCCLXII CCCLXIII CCCLXIV
CCCLXIX CCCLXV CCCLXVI CCCLXVII CCCLXVIII
CCCLXX CCCLXXI CCCLXXII CCCLXXIII CCCLXXIV
CCCLXXIX CCCLXXV CCCLXXVI CCCLXXVII CCCLXXVIII
CCCLXXX CCCLXXXI CCCLXXXII CCCLXXXIII CCCLXXXIV
CCCLXXXIX CCCLXXXV CCCLXXXVI CCCLXXXVII
CCCLXXXVIII CCCV CCCVI CCCVII CCCVIII CCCX
CCCXC CCCXCI CCCXCII CCCXCIII CCCXCIV CCCXCIX
CCCXCV CCCXCVI CCCXCVII CCCXCVIII CCCXI CCCXII
CCCXIII CCCXIV CCCXIX CCCXL CCCXLI CCCXLII
CCCXLIII CCCXLIV CCCXLIX CCCXLV CCCXLVI CCCXLVII
CCCXLVIII CCCXV CCCXVI CCCXVII CCCXVIII CCCXX
CCCXXI CCCXXII CCCXXIII CCCXXIV CCCXXIX CCCXXV
CCCXXVI CCCXXVII CCCXXVIII CCCXXX CCCXXXI
CCCXXXII CCCXXXIII CCCXXXIV CCCXXXIX CCCXXXV
CCCXXXVI CCCXXXVII CCCXXXVIII CCI CCII CCIII
CCIV CCIX CCL CCLI CCLII CCLIII CCLIV CCLIX CCLV
CCLVI CCLVII CCLVIII CCLX CCLXI CCLXII CCLXIII
CCLXIV CCLXIX CCLXV CCLXVI CCLXVII CCLXVIII
CCLXX CCLXXI CCLXXII CCLXXIII CCLXXIV CCLXXIX
CCLXXV CCLXXVI CCLXXVII CCLXXVIII CCLXXX CCLXXXI
CCLXXXII CCLXXXIII CCLXXXIV CCLXXXIX CCLXXXV
CCLXXXVI CCLXXXVII CCLXXXVIII CCV CCVI CCVII
CCVIII CCX CCXC CCXCI CCXCII CCXCIII CCXCIV
CCXCIX CCXCV CCXCVI CCXCVII CCXCVIII CCXI CCXII

CCXIII CCXIV CCXIX CCXL CCXLI CCXLII CCXLIII
CCXLIV CCXLIX CCXLV CCXLVI CCXLVII CCXLVIII CCXV
CCXVI CCXVII CCXVIII CCXX CCXXI CCXXII CCXXIII
CCXXIV CCXXIX CCXXV CCXXVI CCXXVII CCXXVIII
CCXXX CCXXXI CCXXXII CCXXXIII CCXXXIV CCXXXIX
CCXXXV CCXXXVI CCXXXVII CCXXXVIII CD CDI CDII
CDIII CDIV CDIX CDL CDLI CDLII CDLIII CDLIV CDLIX
CDLV CDLVI CDLVII CDLVIII CDLX CDLXI CDLXII
CDLXIII CDLXIV CDLXIX CDLXV CDLXVI CDLXVII
CDLXVIII CDLXX CDLXXI CDLXXII CDLXXIII CDLXXIV
CDLXXIX CDLXXV CDLXXVI CDLXXVII CDLXXVIII CDLXXX
CDLXXXI CDLXXXII CDLXXXIII CDLXXXIV CDLXXXIX
CDLXXXV CDLXXXVI CDLXXXVII CDLXXXVIII CDV CDVI
CDVII CDVIII CDX CDXC CDXCI CDXCII CDXCIII CDXCIV
CDXCIX CDXCV CDXCVI CDXCVII CDXCVIII CDXI CDXII
CDXIII CDXIV CDXIX CDXL CDXLI CDXLII CDXLIII
CDXLIV CDXLIX CDXLV CDXLVI CDXLVII CDXLVIII CDXV
CDXVI CDXVII CDXVIII CDXX CDXXI CDXXII CDXXIII
CDXXIV CDXXIX CDXXV CDXXVI CDXXVII CDXXVIII CDXXX
CDXXXI CDXXXII CDXXXIII CDXXXIV CDXXXIX CDXXXV
CDXXXVI CDXXXVII CDXXXVIII CI CII CIII CIV CIX
CL CLI CLII CLIII CLIV CLIX CLV CLVI CLVII CLVIII
CLX CLXI CLXII CLXIII CLXIV CLXIX CLXV CLXVI
CLXVII CLXVIII CLXX CLXXI CLXXII CLXXIII CLXXIV
CLXXIX CLXXV CLXXVI CLXXVII CLXXVIII CLXXX
CLXXXI CLXXXII CLXXXIII CLXXXIV CLXXXIX CLXXXV
CLXXXVI CLXXXVII CLXXXVIII CM CMI CMII CMIII
CMIV CMIX CML CMLI CMLII CMLIII CMLIV CMLIX
CMLV CMLVI CMLVII CMLVIII CMLX CMLXI CMLXII
CMLXIII CMLXIV CMLXIX CMLXV CMLXVI CMLXVII
CMLXVIII CMLXX CMLXXI CMLXXII CMLXXIII CMLXXIV
CMLXXIX CMLXXV CMLXXVI CMLXXVII CMLXXVIII
CMLXXX CMLXXXI CMLXXXII CMLXXXIII CMLXXXIV
CMLXXXIX CMLXXXV CMLXXXVI CMLXXXVII CMLXXXVIII

CMV CMVI CMVII CMVIII CMX CMXC CMXCI CMXCII
CMXCIII CMXCIV CMXCIX CMXCV CMXCVI CMXCVII
CMXCVIII CMXI CMXII CMXIII CMXIV CMXIX CMXL
CMXLI CMXLII CMXLIII CMXLIV CMXLIX CMXLV CMXLVI
CMXLVII CMXLVIII CMXV CMXVI CMXVII CMXVIII
CMXX CMXXI CMXXII CMXXIII CMXXIV CMXXIX CMXXV
CMXXVI CMXXVII CMXXVIII CMXXX CMXXXI CMXXXII
CMXXXIII CMXXXIV CMXXXIX CMXXXV CMXXXVI CMXXXVII
CMXXXVIII CV CVI CVII CVIII CX CXC CXCI CXCII
CXCIII CXCIV CXCIX CXCV CXCVI CXCVII CXCVIII
CXI CXII CXIII CXIV CXIX CXL CXLI CXLII CXLIII
CXLIV CXLIX CXLV CXLVI CXLVII CXLVIII CXV CXVI
CXVII CXVIII CXX CXXI CXXII CXXIII CXXIV CXXIX
CXXV CXXVI CXXVII CXXVIII CXXX CXXXI CXXXII
CXXXIII CXXXIV CXXXIX CXXXV CXXXVI CXXXVII
CXXXVIII D DC DCC DCCC DCCCI DCCCII DCCCIII
DCCCIV DCCCIX DCCCL DCCCLI DCCCLII DCCCLIII
DCCCLIV DCCCLIX DCCCLV DCCCLVI DCCCLVII DCCCLVIII
DCCCLX DCCCLXI DCCCLXII DCCCLXIII DCCCLXIV
DCCCLXIX DCCCLXV DCCCLXVI DCCCLXVII DCCCLXVIII
DCCCLXX DCCCLXXI DCCCLXXII DCCCLXXIII DCCCLXXIV
DCCCLXXIX DCCCLXXV DCCCLXXVI DCCCLXXVII
DCCCLXXVIII DCCCLXXX DCCCLXXXI DCCCLXXXII
DCCCLXXXIII DCCCLXXXIV DCCCLXXXIX DCCCLXXXV
DCCCLXXXVI DCCCLXXXVII DCCCLXXXVIII DCCCV
DCCCVI DCCCVII DCCCVIII DCCCX DCCCXC DCCCXCI
DCCCXCII DCCCXCIII DCCCXCIV DCCCXCIX DCCCXCV
DCCCXCVI DCCCXCVII DCCCXCVIII DCCCXI DCCCXII
DCCCXIII DCCCXIV DCCCXIX DCCCXL DCCCXLI DCCCXLII
DCCCXLIII DCCCXLIV DCCCXLIX DCCCXLV DCCCXLVI
DCCCXLVII DCCCXLVIII DCCCXV DCCCXVI DCCCXVII
DCCCXVIII DCCCXX DCCCXXI DCCCXXII DCCCXXIII
DCCCXXIV DCCCXXIX DCCCXXV DCCCXXVI DCCCXXVII
DCCCXXVIII DCCCXXX DCCCXXXI DCCCXXXII DCCCXXXIII

DCCCXXXIV DCCCXXXIX DCCCXXXV DCCCXXXVI
DCCCXXXVII DCCCXXXVIII DCCI DCCII DCCIII DCCIV
DCCIX DCCL DCCLI DCCLII DCCLIII DCCLIV DCCLIX
DCCLV DCCLVI DCCLVII DCCLVIII DCCLX DCCLXI
DCCLXII DCCLXIII DCCLXIV DCCLXIX DCCLXV DCCLXVI
DCCLXVII DCCLXVIII DCCLXX DCCLXXI DCCLXXII
DCCLXXIII DCCLXXIV DCCLXXIX DCCLXXV DCCLXXVI
DCCLXXVII DCCLXXVIII DCCLXXX DCCLXXXI DCCLXXXII
DCCLXXXIII DCCLXXXIV DCCLXXXIX DCCLXXXV
DCCLXXXVI DCCLXXXVII DCCLXXXVIII DCCV DCCVI
DCCVII DCCVIII DCCX DCCXC DCCXCI DCCXCII DCCXCIII
DCCXCIV DCCXCIX DCCXCV DCCXCVI DCCXCVII DCCXCVIII
DCCXI DCCXII DCCXIII DCCXIV DCCXIX DCCXL DCCXLI
DCCXLII DCCXLIII DCCXLIV DCCXLIX DCCXLV DCCXLVI
DCCXLVII DCCXLVIII DCCXV DCCXVI DCCXVII DCCXVIII
DCCXX DCCXXI DCCXXII DCCXXIII DCCXXIV DCCXXIX
DCCXXV DCCXXVI DCCXXVII DCCXXVIII DCCXXX DCCXXXI
DCCXXXII DCCXXXIII DCCXXXIV DCCXXXIX DCCXXXV
DCCXXXVI DCCXXXVII DCCXXXVIII DCI DCII DCIII
DCIV DCIX DCL DCLI DCLII DCLIII DCLIV DCLIX DCLV
DCLVI DCLVII DCLVIII DCLX DCLXI DCLXII DCLXIII
DCLXIV DCLXIX DCLXV DCLXVI DCLXVII DCLXVIII
DCLXX DCLXXI DCLXXII DCLXXIII DCLXXIV DCLXXIX
DCLXXV DCLXXVI DCLXXVII DCLXXVIII DCLXXX DCLXXXI
DCLXXXII DCLXXXIII DCLXXXIV DCLXXXIX DCLXXXV
DCLXXXVI DCLXXXVII DCLXXXVIII DCV DCVI DCVII
DCVIII DCX DCXC DCXCI DCXCII DCXCIII DCXCIV
DCXCIX DCXCV DCXCVI DCXCVII DCXCVIII DCXI DCXII
DCXIII DCXIV DCXIX DCXL DCXLI DCXLII DCXLIII
DCXLIV DCXLIX DCXLV DCXLVI DCXLVII DCXLVIII DCXV
DCXVI DCXVII DCXVIII DCXX DCXXI DCXXII DCXXIII
DCXXIV DCXXIX DCXXV DCXXVI DCXXVII DCXXVIII
DCXXX DCXXXI DCXXXII DCXXXIII DCXXXIV DCXXXIX
DCXXXV DCXXXVI DCXXXVII DCXXXVIII DI DII DIII

DIV DIX DL DLI DLII DLIII DLIV DLIX DLV DLVI
DLVII DLVIII DLX DLXI DLXII DLXIII DLXIV DLXIX
DLXV DLXVI DLXVII DLXVIII DLXX DLXXI DLXXII
DLXXIII DLXXIV DLXXIX DLXXV DLXXVI DLXXVII
DLXXVIII DLXXX DLXXXI DLXXXII DLXXXIII DLXXXIV
DLXXXIX DLXXXV DLXXXVI DLXXXVII DLXXXVIII DV
DVI DVII DVIII DX DXC DXCI DXCII DXCIII DXCIV
DXCIX DXCV DXCVI DXCVII DXCVIII DXI DXII DXIII
DXIV DXIX DXL DXLI DXLII DXLIII DXLIV DXLIX DXLV
DXLVI DXLVII DXLVIII DXV DXVI DXVII DXVIII DXX
DXXI DXXII DXXIII DXXIV DXXIX DXXV DXXVI DXXVII
DXXVIII DXXX DXXXI DXXXII DXXXIII DXXXIV DXXXIX
DXXXV DXXXVI DXXXVII DXXXVIII I II III IV IX
L LI LII LIII LIV LIX LV LVI LVII LVIII LX LXI
LXII LXIII LXIV LXIX LXV LXVI LXVII LXVIII LXX
LXXI LXXII LXXIII LXXIV LXXIX LXXV LXXVI LXXVII
LXXVIII LXXX LXXXI LXXXII LXXXIII LXXXIV LXXXIX
LXXXV LXXXVI LXXXVII LXXXVIII M V VI VII VIII X
XC XCI XCII XCIII XCIV XCIX XCV XCVI XCVII XCVIII
XI XII XIII XIV XIX XL XLI XLII XLIII XLIV XLIX
XLV XLVI XLVII XLVIII XV XVI XVII XVIII XX XXI
XXII XXIII XXIV XXIX XXV XXVI XXVII XXVIII XXX
XXXI XXXII XXXIII XXXIV XXXIX XXXV XXXVI XXXVII
XXXVIII

RUBY YACHT

```
#!/usr/bin/ruby

a_phrases = ["aureate", "alternate", "along with", "argument",
  "another", "absolute", "alchemist", "arrest the", "an empty",
  "a ruby", "a little", "a thousand", "a book of", "and peace to",
  "a jug of", "a loaf of", "a distant", "and out of", "and lose your",
  "a moment's", "amid the", "are all but", "awoke from", "and by the",
  "all this of", "a shallow", "as much as", "as springs the"]
b_phrases = ["beneath the", "before the", "but still the", "beside the",
  "beloved", "better be", "by logic", "blaspheme the", "before us",
  "beset the"]
rhymes = ["stare", "there", "care", "dare", "snare", "bare", "air",
  "hair", "tear", "ne'er"]
non_rhymes = ["sun", "stars", "shaft", "cup", "bird", "wing", "winds",
  "dust", "knot", "lamp", "lip", "dusk", "balm", "bowl", "song"]
6.times {
  endings = rhymes.sample 3
  endings.insert(2, non_rhymes.sample)
  beginnings = a_phrases.sample 3
  beginnings.insert(2, b_phrases.sample)
  0.upto(3) { |i| puts beginnings[i] + " " + endings[i] }
  puts
}
```

RUBY YACHT

amid the care
and lose your air
better be wing
another there

a distant care
a loaf of ne'er
by logic dust
and by the dare

a ruby there
an empty air
blaspheme the cup
and out of hair

and lose your bare
absolute dare
before us wing
argument care

as springs the care
amid the tear
before us stars
another snare

along with tear
and peace to dare
beside the cup
argument care

CONCRETE PERL

ALL THE NAMES OF GOD

#!/usr/bin/perl

{print"a"x++$...$"x$.,$,=_;redo}

ALL THE NAMES OF GOD

a_b_c_d_e_f_g_h_i_j_k_l_m_n_o_p_q_r_s_t_u_v_w_x_y_z__aa_ab_ac_ad_ae_af_ag_ah_ai_aj_ak_al_am_an_ao_ap_aq_ar_as_at_au_av_aw_ax_ay_az_ba_bb_bc_bd_be_bf_bg_bh_bi_bj_bk_bl_bm_bn_bo_bp_bq_br_bs_bt_bu_bv_bw_bx_by_bz_ca_cb_cc_cd_ce_cf_cg_ch_ci_cj_ck_cl_cm_cn_co_cp_cq_cr_cs_ct_cu_cv_cw_cx_cy_cz_da_db_dc_dd_de_df_dg_dh_di_dj_dk_dl_dm_dn_do_dp_dq_dr_ds_dt_du_dv_dw_dx_dy_dz_ea_eb_ec_ed_ee_ef_eg_eh_ei_ej_ek_el_em_en_eo_ep_eq_er_es_et_eu_ev_ew_ex_ey_ez_fa_fb_fc_fd_fe_ff_fg_fh_fi_fj_fk_fl_fm_fn_fo_fp_fq_fr_fs_ft_fu_fv_fw_fx_fy_fz_ga_gb_gc_gd_ge_gf_gg_gh_gi_gj_gk_gl_gm_gn_go_gp_gq_gr_gs_gt_gu_gv_gw_gx_gy_gz_ha_hb_hc_hd_he_hf_hg_hh_hi_hj_hk_hl_hm_hn_ho_hp_hq_hr_hs_ht_hu_hv_hw_hx_hy_hz_ia_ib_ic_id_ie_if_ig_ih_ii_ij_ik_il_im_in_io_ip_iq_ir_is_it_iu_iv_iw_ix_iy_iz_ja_jb_jc_jd_je_jf_jg_jh_ji_jj_jk_jl_jm_jn_jo_jp_jq_jr_js_jt_ju_jv_jw_jx_jy_jz_ka_kb_kc_kd_ke_kf_kg_kh_ki_kj_kk_kl_km_kn_ko_kp_kq_kr_ks_kt_ku_kv_kw_kx_ky_kz_la_lb_lc_ld_le_lf_lg_lh_li_lj_lk_ll_lm_ln_lo_lp_lq_lr_ls_lt_lu_lv_lw_lx_ly_lz_ma_mb_mc_md_me_mf_mg_mh_mi_mj_mk_ml_mm_mn_mo_mp_mq_mr_ms_mt_mu_mv_mw_mx_my_mz_na_nb_nc_nd_ne_nf_ng_nh_ni_nj_nk_nl_nm_nn_no_np_nq_nr_ns_nt_nu_nv_nw_nx_ny_nz_oa_ob_oc_od_oe_of_og_oh_oi_oj_ok_ol_om_on_oo_op_oq_or_os_ot_ou_ov_ow_ox_oy_oz_pa_pb_pc_pd_pe_pf_pg_ph_pi_pj_pk_pl_pm_pn_po_pp_pq_pr_ps_pt_pu_pv_pw_px_py_pz_qa_qb_qc_qd_qe_qf_qg_qh_qi_qj_qk_ql_qm_qn_qo_qp_qq_qr_qs_qt_qu_qv_qw_qx_qy_qz_ra_rb_rc_rd_re_rf_rg_rh_ri_rj_rk_rl_rm_rn_ro_rp_rq_rr_rs_rt_ru_rv_rw_rx_ry_rz_sa_sb_sc_sd_se_sf_sg_sh_si_sj_sk_sl_sm_sn_so_sp_sq_sr_ss_st_su_sv_sw_sx_sy_sz_ta_tb_tc_td_te_tf_tg_th_ti_tj_tk_tl_tm_tn_to_tp_tq_tr_ts_tt_tu_tv_tw_tx_ty_tz_ua_ub_uc_ud_ue_uf_ug_uh_ui_uj_uk_ul_um_un_uo_up_uq_ur_us_ut_uu_uv_uw_ux_uy_uz_va_vb_vc_vd_ve_vf_vg_vh_vi_vj_vk_vl_vm_vn_vo_vp_vq_vr_vs_vt_vu_vv_vw_vx_vy_vz_w

a_wb_wc_wd_we_wf_wg_wh_wi_wj_wk_wl_wm_wn_wo_wp_wq_wr_ws_wt_
wu_wv_ww_wx_wy_wz_xa_xb_xc_xd_xe_xf_xg_xh_xi_xj_xk_xl_xm_xn
_xo_xp_xq_xr_xs_xt_xu_xv_xw_xx_xy_xz_ya_yb_yc_yd_ye_yf_yg_y
h_yi_yj_yk_yl_ym_yn_yo_yp_yq_yr_ys_yt_yu_yv_yw_yx_yy_yz_za_
zb_zc_zd_ze_zf_zg_zh_zi_zj_zk_zl_zm_zn_zo_zp_zq_zr_zs_zt_zu
_zv_zw_zx_zy_zz__aaa_aab_aac_aad_aae_aaf_aag_aah_aai_aaj_aa
k_aal_aam_aan_aao_aap_aaq_aar_aas_aat_aau_aav_aaw_aax_aay_a
az_aba_abb_abc_abd_abe_abf_abg_abh_abi_abj_abk_abl_abm_abn_
abo_abp_abq_abr_abs_abt_abu_abv_abw_abx_aby_abz_aca_acb_acc
_acd_ace_acf_acg_ach_aci_acj_ack_acl_acm_acn_aco_acp_acq_ac
r_acs_act_acu_acv_acw_acx_acy_acz_ada_adb_adc_add_ade_adf_a
dg_adh_adi_adj_adk_adl_adm_adn_ado_adp_adq_adr_ads_adt_adu_
adv_adw_adx_ady_adz_aea_aeb_aec_aed_aee_aef_aeg_aeh_aei_aej
_aek_ael_aem_aen_aeo_aep_aeq_aer_aes_aet_aeu_aev_aew_aex_ae
y_aez_afa_afb_afc_afd_afe_aff_afg_afh_afi_afj_afk_afl_afm_a
fn_afo_afp_afq_afr_afs_aft_afu_afv_afw_afx_afy_afz_aga_agb_
agc_agd_age_agf_agg_agh_agi_agj_agk_agl_agm_agn_ago_agp_agq
_agr_ags_agt_agu_agv_agw_agx_agy_agz_aha_ahb_ahc_ahd_ahe_ah
f_ahg_ahh_ahi_ahj_ahk_ahl_ahm_ahn_aho_ahp_ahq_ahr_ahs_aht_a
hu_ahv_ahw_ahx_ahy_ahz_aia_aib_aic_aid_aie_aif_aig_aih_aii_
aij_aik_ail_aim_ain_aio_aip_aiq_air_ais_ait_aiu_aiv_aiw_aix
_aiy_aiz_aja_ajb_ajc_ajd_aje_ajf_ajg_ajh_aji_ajj_ajk_ajl_aj
m_ajn_ajo_ajp_ajq_ajr_ajs_ajt_aju_ajv_ajw_ajx_ajy_ajz_aka_a
kb_akc_akd_ake_akf_akg_akh_aki_akj_akk_akl_akm_akn_ako_akp_
akq_akr_aks_akt_aku_akv_akw_akx_aky_akz_ala_alb_alc_ald_ale
_alf_alg_alh_ali_alj_alk_all_alm_aln_alo_alp_alq_alr_als_al
t_alu_alv_alw_alx_aly_alz_ama_amb_amc_amd_ame_amf_amg_amh_a
mi_amj_amk_aml_amm_amn_amo_amp_amq_amr_ams_amt_amu_amv_amw_
amx_amy_amz_ana_anb_anc_and_ane_anf_ang_anh_ani_anj_ank_anl
_anm_ann_ano_anp_anq_anr_ans_ant_anu_anv_anw_anx_any_anz_ao
a_aob_aoc_aod_aoe_aof_aog_aoh_aoi_aoj_aok_aol_aom_aon_aoo_a
op_aoq_aor_aos_aot_aou_aov_aow_aox_aoy_aoz_apa_apb_apc_apd_
ape_apf_apg_aph_api_apj_apk_apl_apm_apn_apo_app_apq_apr_aps
_apt_apu_apv_apw_apx_apy_apz_aqa_aqb_aqc_aqd_aqe_aqf_aqg_aq
h_aqi_aqj_aqk_aql_aqm_aqn_aqo_aqp_aqq_aqr_aqs_aqt_aqu_aqv_a
qw_aqx_aqy_aqz_ara_arb_arc_ard_are_arf_arg_arh_ari_arj_ark_
arl_arm_arn_aro_arp_arq_arr_ars_art_aru_arv_arw_arx_ary_arz
_asa_asb_asc_asd_ase_asf_asg_ash_asi_asj_ask_asl_asm_asn_as

o_asp_asq_asr_ass_ast_asu_asv_asw_asx_asy_asz_ata_atb_atc_a
td_ate_atf_atg_ath_ati_atj_atk_atl_atm_atn_ato_atp_atq_atr_
ats_att_atu_atv_atw_atx_aty_atz_aua_aub_auc_aud_aue_auf_aug
_auh_aui_auj_auk_aul_aum_aun_auo_aup_auq_aur_aus_aut_auu_au
v_auw_aux_auy_auz_ava_avb_avc_avd_ave_avf_avg_avh_avi_avj_a
vk_avl_avm_avn_avo_avp_avq_avr_avs_avt_avu_avv_avw_avx_avy_
avz_awa_awb_awc_awd_awe_awf_awg_awh_awi_awj_awk_awl_awm_awn
_awo_awp_awq_awr_aws_awt_awu_awv_aww_awx_awy_awz_axa_axb_ax
c_axd_axe_axf_axg_axh_axi_axj_axk_axl_axm_axn_axo_axp_axq_a
xr_axs_axt_axu_axv_axw_axx_axy_axz_aya_ayb_ayc_ayd_aye_ayf_
ayg_ayh_ayi_ayj_ayk_ayl_aym_ayn_ayo_ayp_ayq_ayr_ays_ayt_ayu
_ayv_ayw_ayx_ayy_ayz_aza_azb_azc_azd_aze_azf_azg_azh_azi_az
j_azk_azl_azm_azn_azo_azp_azq_azr_azs_azt_azu_azv_azw_azx_a
zy_azz_baa_bab_bac_bad_bae_baf_bag_bah_bai_baj_bak_bal_bam_
ban_bao_bap_baq_bar_bas_bat_bau_bav_baw_bax_bay_baz_bba_bbb
_bbc_bbd_bbe_bbf_bbg_bbh_bbi_bbj_bbk_bbl_bbm_bbn_bbo_bbp_bb
q_bbr_bbs_bbt_bbu_bbv_bbw_bbx_bby_bbz_bca_bcb_bcc_bcd_bce_b
cf_bcg_bch_bci_bcj_bck_bcl_bcm_bcn_bco_bcp_bcq_bcr_bcs_bct_
bcu_bcv_bcw_bcx_bcy_bcz_bda_bdb_bdc_bdd_bde_bdf_bdg_bdh_bdi
_bdj_bdk_bdl_bdm_bdn_bdo_bdp_bdq_bdr_bds_bdt_bdu_bdv_bdw_bd
x_bdy_bdz_bea_beb_bec_bed_bee_bef_beg_beh_bei_bej_bek_bel_b
em_ben_beo_bep_beq_ber_bes_bet_beu_bev_bew_bex_bey_bez_bfa_
bfb_bfc_bfd_bfe_bff_bfg_bfh_bfi_bfj_bfk_bfl_bfm_bfn_bfo_bfp
_bfq_bfr_bfs_bft_bfu_bfv_bfw_bfx_bfy_bfz_bga_bgb_bgc_bgd_bg
e_bgf_bgg_bgh_bgi_bgj_bgk_bgl_bgm_bgn_bgo_bgp_bgq_bgr_bgs_b
gt_bgu_bgv_bgw_bgx_bgy_bgz_bha_bhb_bhc_bhd_bhe_bhf_bhg_bhh_
bhi_bhj_bhk_bhl_bhm_bhn_bho_bhp_bhq_bhr_bhs_bht_bhu_bhv_bhw
_bhx_bhy_bhz_bia_bib_bic_bid_bie_bif_big_bih_bii_bij_bik_bi
l_bim_bin_bio_bip_biq_bir_bis_bit_biu_biv_biw_bix_biy_biz_b
ja_bjb_bjc_bjd_bje_bjf_bjg_bjh_bji_bjj_bjk_bjl_bjm_bjn_bjo_
bjp_bjq_bjr_bjs_bjt_bju_bjv_bjw_bjx_bjy_bjz_bka_bkb_bkc_bkd
_bke_bkf_bkg_bkh_bki_bkj_bkk_bkl_bkm_bkn_bko_bkp_bkq_bkr_bk
s_bkt_bku_bkv_bkw_bkx_bky_bkz_bla_blb_blc_bld_ble_blf_blg_b
lh_bli_blj_blk_bll_blm_bln_blo_blp_blq_blr_bls_blt_blu_blv_
blw_blx_bly_blz_bma_bmb_bmc_bmd_bme_bmf_bmg_bmh_bmi_bmj_bmk
_bml_bmm_bmn_bmo_bmp_bmq_bmr_bms_bmt_bmu_bmv_bmw_bmx_bmy_bm
z_bna_bnb_bnc_bnd_bne_bnf_bng_bnh_bni_bnj_bnk_bnl_bnm_bnn_b
no_bnp_bnq_bnr_bns_bnt_bnu_bnv_bnw_bnx_bny_bnz_boa_bob_boc_

bod_boe_bof_bog_boh_boi_boj_bok_bol_bom_bon_boo_bop_boq_bor_bos_bot_bou_bov_bow_box_boy_boz_bpa_bpb_bpc_bpd_bpe_bpf_bpg_bph_bpi_bpj_bpk_bpl_bpm_bpn_bpo_bpp_bpq_bpr_bps_bpt_bpu_bpv_bpw_bpx_bpy_bpz_bqa_bqb_bqc_bqd_bqe_bqf_bqg_bqh_bqi_bqj_bqk_bql_bqm_bqn_bqo_bqp_bqq_bqr_bqs_bqt_bqu_bqv_bqw_bqx_bqy_bqz_bra_brb_brc_brd_bre_brf_brg_brh_bri_brj_brk_brl_brm_brn_bro_brp_brq_brr_brs_brt_bru_brv_brw_brx_bry_brz_bsa_bsb_bsc_bsd_bse_bsf_bsg_bsh_bsi_bsj_bsk_bsl_bsm_bsn_bso_bsp_bsq_bsr_bss_bst_bsu_bsv_bsw_bsx_bsy_bsz_bta_btb_btc_btd_bte_btf_btg_bth_bti_btj_btk_btl_btm_btn_bto_btp_btq_btr_bts_btt_btu_btv_btw_btx_bty_btz_bua_bub_buc_bud_bue_buf_bug_buh_bui_buj_buk_bul_bum_bun_buo_bup_buq_bur_bus_but_buu_buv_buw_bux_buy_buz_bva_bvb_bvc_bvd_bve_bvf_bvg_bvh_bvi_bvj_bvk_bvl_bvm_bvn_bvo_bvp_bvq_bvr_bvs_bvt_bvu_bvv_bvw_bvx_bvy_bvz_bwa_bwb_bwc_bwd_bwe_bwf_bwg_bwh_bwi_bwj_bwk_bwl_bwm_bwn_bwo_bwp_bwq_bwr_bws_bwt_bwu_bwv_bww_bwx_bwy_bwz_bxa_bxb_bxc_bxd_bxe_bxf_bxg_bxh_bxi_bxj_bxk_bxl_bxm_bxn_bxo_bxp_bxq_bxr_bxs_bxt_bxu_bxv_bxw_bxx_bxy_bxz_bya_byb_byc_byd_bye_byf_byg_byh_byi_byj_byk_byl_bym_byn_byo_byp_byq_byr_bys_byt_byu_byv_byw_byx_byy_byz_bza_bzb_bzc_bzd_bze_bzf_bzg_bzh_bzi_bzj_bzk_bzl_bzm_bzn_bzo_bzp_bzq_bzr_bzs_bzt_bzu_bzv_bzw_bzx_bzy_bzz_caa_cab_cac_cad_cae_caf_cag_cah_cai_caj_cak_cal_cam_can_cao_cap_caq_car_cas_cat_cau_cav_caw_cax_cay_caz_cba_cbb_cbc_cbd_cbe_cbf_cbg_cbh_cbi_cbj_cbk_cbl_cbm_cbn_cbo_cbp_cbq_cbr_cbs_cbt_cbu_cbv_cbw_cbx_cby_cbz_cca_ccb_ccc_ccd_cce_ccf_ccg_cch_cci_ccj_cck_ccl_ccm_ccn_cco_ccp_ccq_ccr_ccs_cct_ccu_ccv_ccw_ccx_ccy_ccz_cda_cdb_cdc_cdd_cde_cdf_cdg_cdh_cdi_cdj_cdk_cdl_cdm_cdn_cdo_cdp_cdq_cdr_cds_cdt_cdu_cdv_cdw_cdx_cdy_cdz_cea_ceb_cec_ced_cee_cef_ceg_ceh_cei_cej_cek_cel_cem_cen_ceo_cep_ceq_cer_ces_cet_ceu_cev_cew_cex_cey_cez_cfa_cfb_cfc_cfd_cfe_cff_cfg_cfh_cfi_cfj_cfk_cfl_cfm_cfn_cfo_cfp_cfq_cfr_cfs_cft_cfu_cfv_cfw_cfx_cfy_cfz_cga_cgb_cgc_cgd_cge_cgf_cgg_cgh_cgi_cgj_cgk_cgl_cgm_cgn_cgo_cgp_cgq_cgr_cgs_cgt_cgu_cgv_cgw_cgx_cgy_cgz_cha_chb_chc_chd_che_chf_chg_chh_chi_chj_chk_chl_chm_chn_cho_chp_chq_chr_chs_cht_chu_chv_chw_chx_chy_chz_cia_cib_cic_cid_cie_cif_cig_cih_cii_cij_cik_cil_cim_cin_cio_cip_ciq_cir_cis_cit_ciu_civ_ciw_cix_ciy_ciz_cja_cjb_cjc_cjd_cje_cjf_cjg_cjh_cji_cjj_cjk_cjl_cjm_cjn_cjo_cjp_cjq_cj

r_cjs_cjt_cju_cjv_cjw_cjx_cjy_cjz_cka_ckb_ckc_ckd_cke_ckf_c
kg_ckh_cki_ckj_ckk_ckl_ckm_ckn_cko_ckp_ckq_ckr_cks_ckt_cku_
ckv_ckw_ckx_cky_ckz_cla_clb_clc_cld_cle_clf_clg_clh_cli_clj
_clk_cll_clm_cln_clo_clp_clq_clr_cls_clt_clu_clv_clw_clx_cl
y_clz_cma_cmb_cmc_cmd_cme_cmf_cmg_cmh_cmi_cmj_cmk_cml_cmm_c
mn_cmo_cmp_cmq_cmr_cms_cmt_cmu_cmv_cmw_cmx_cmy_cmz_cna_cnb_
cnc_cnd_cne_cnf_cng_cnh_cni_cnj_cnk_cnl_cnm_cnn_cno_cnp_cnq
_cnr_cns_cnt_cnu_cnv_cnw_cnx_cny_cnz_coa_cob_coc_cod_coe_co
f_cog_coh_coi_coj_cok_col_com_con_coo_cop_coq_cor_cos_cot_c
ou_cov_cow_cox_coy_coz_cpa_cpb_cpc_cpd_cpe_cpf_cpg_cph_cpi_
cpj_cpk_cpl_cpm_cpn_cpo_cpp_cpq_cpr_cps_cpt_cpu_cpv_cpw_cpx
_cpy_cpz_cqa_cqb_cqc_cqd_cqe_cqf_cqg_cqh_cqi_cqj_cqk_cql_cq
m_cqn_cqo_cqp_cqq_cqr_cqs_cqt_cqu_cqv_cqw_cqx_cqy_cqz_cra_c
rb_crc_crd_cre_crf_crg_crh_cri_crj_crk_crl_crm_crn_cro_crp_
crq_crr_crs_crt_cru_crv_crw_crx_cry_crz_csa_csb_csc_csd_cse
_csf_csg_csh_csi_csj_csk_csl_csm_csn_cso_csp_csq_csr_css_cs
t_csu_csv_csw_csx_csy_csz_cta_ctb_ctc_ctd_cte_ctf_ctg_cth_c
ti_ctj_ctk_ctl_ctm_ctn_cto_ctp_ctq_ctr_cts_ctt_ctu_ctv_ctw_
ctx_cty_ctz_cua_cub_cuc_cud_cue_cuf_cug_cuh_cui_cuj_cuk_cul
_cum_cun_cuo_cup_cuq_cur_cus_cut_cuu_cuv_cuw_cux_cuy_cuz_cv
a_cvb_cvc_cvd_cve_cvf_cvg_cvh_cvi_cvj_cvk_cvl_cvm_cvn_cvo_c
vp_cvq_cvr_cvs_cvt_cvu_cvv_cvw_cvx_cvy_cvz_cwa_cwb_cwc_cwd_
cwe_cwf_cwg_cwh_cwi_cwj_cwk_cwl_cwm_cwn_cwo_cwp_cwq_cwr_cws
_cwt_cwu_cwv_cww_cwx_cwy_cwz_cxa_cxb_cxc_cxd_cxe_cxf_cxg_cx
h_cxi_cxj_cxk_cxl_cxm_cxn_cxo_cxp_cxq_cxr_cxs_cxt_cxu_cxv_c
xw_cxx_cxy_cxz_cya_cyb_cyc_cyd_cye_cyf_cyg_cyh_cyi_cyj_cyk_
cyl_cym_cyn_cyo_cyp_cyq_cyr_cys_cyt_cyu_cyv_cyw_cyx_cyy_cyz
_cza_czb_czc_czd_cze_czf_czg_czh_czi_czj_czk_czl_czm_czn_cz
o_czp_czq_czr_czs_czt_czu_czv_czw_czx_czy_czz_daa_dab_dac_d
ad_dae_daf_dag_dah_dai_daj_dak_dal_dam_dan_dao_dap_daq_dar_
das_dat_dau_dav_daw_dax_day_daz_dba_dbb_dbc_dbd_dbe_dbf_dbg
_dbh_dbi_dbj_dbk_dbl_dbm_dbn_dbo_dbp_dbq_dbr_dbs_dbt_dbu_db
v_dbw_dbx_dby_dbz_dca_dcb_dcc_dcd_dce_dcf_dcg_dch_dci_dcj_d
ck_dcl_dcm_dcn_dco_dcp_dcq_dcr_dcs_dct_dcu_dcv_dcw_dcx_dcy_
dcz_dda_ddb_ddc_ddd_dde_ddf_ddg_ddh_ddi_ddj_ddk_ddl_ddm_ddn
_ddo_ddp_ddq_ddr_dds_ddt_ddu_ddv_ddw_ddx_ddy_ddz_dea_deb_de
c_ded_dee_def_deg_deh_dei_dej_dek_del_dem_den_deo_dep_deq_d
er_des_det_deu_dev_dew_dex_dey_dez_dfa_dfb_dfc_dfd_dfe_dff_

dfg_dfh_dfi_dfj_dfk_dfl_dfm_dfn_dfo_dfp_dfq_dfr_dfs_dft_dfu_dfv_dfw_dfx_dfy_dfz_dga_dgb_dgc_dgd_dge_dgf_dgg_dgh_dgi_dgj_dgk_dgl_dgm_dgn_dgo_dgp_dgq_dgr_dgs_dgt_dgu_dgv_dgw_dgx_dgy_dgz_dha_dhb_dhc_dhd_dhe_dhf_dhg_dhh_dhi_dhj_dhk_dhl_dhm_dhn_dho_dhp_dhq_dhr_dhs_dht_dhu_dhv_dhw_dhx_dhy_dhz_dia_dib_dic_did_die_dif_dig_dih_dii_dij_dik_dil_dim_din_dio_dip_diq_dir_dis_dit_diu_div_diw_dix_diy_diz_dja_djb_djc_djd_dje_djf_djg_djh_dji_djj_djk_djl_djm_djn_djo_djp_djq_djr_djs_djt_dju_djv_djw_djx_djy_djz_dka_dkb_dkc_dkd_dke_dkf_dkg_dkh_dki_dkj_dkk_dkl_dkm_dkn_dko_dkp_dkq_dkr_dks_dkt_dku_dkv_dkw_dkx_dky_dkz_dla_dlb_dlc_dld_dle_dlf_dlg_dlh_dli_dlj_dlk_dll_dlm_dln_dlo_dlp_dlq_dlr_dls_dlt_dlu_dlv_dlw_dlx_dly_dlz_dma_dmb_dmc_dmd_dme_dmf_dmg_dmh_dmi_dmj_dmk_dml_dmm_dmn_dmo_dmp_dmq_dmr_dms_dmt_dmu_dmv_dmw_dmx_dmy_dmz_dna_dnb_dnc_dnd_dne_dnf_dng_dnh_dni_dnj_dnk_dnl_dnm_dnn_dno_dnp_dnq_dnr_dns_dnt_dnu_dnv_dnw_dnx_dny_dnz_doa_dob_doc_dod_doe_dof_dog_doh_doi_doj_dok_dol_dom_don_doo_dop_doq_dor_dos_dot_dou_dov_dow_dox_doy_doz_dpa_dpb_dpc_dpd_dpe_dpf_dpg_dph_dpi_dpj_dpk_dpl_dpm_dpn_dpo_dpp_dpq_dpr_dps_dpt_dpu_dpv_dpw_dpx_dpy_dpz_dqa_dqb_dqc_dqd_dqe_dqf_dqg_dqh_dqi_dqj_dqk_dql_dqm_dqn_dqo_dqp_dqq_dqr_dqs_dqt_dqu_dqv_dqw_dqx_dqy_dqz_dra_drb_drc_drd_dre_drf_drg_drh_dri_drj_drk_drl_drm_drn_dro_drp_drq_drr_drs_drt_dru_drv_drw_drx_dry_drz_dsa_dsb_dsc_dsd_dse_dsf_dsg_dsh_dsi_dsj_dsk_dsl_dsm_dsn_dso_dsp_dsq_dsr_dss_dst_dsu_dsv_dsw_dsx_dsy_dsz_dta_dtb_dtc_dtd_dte_dtf_dtg_dth_dti_dtj_dtk_dtl_dtm_dtn_dto_dtp_dtq_dtr_dts_dtt_dtu_dtv_dtw_dtx_dty_dtz_dua_dub_duc_dud_due_duf_dug_duh_dui_duj_duk_dul_dum_dun_duo_dup_duq_dur_dus_dut_duu_duv_duw_dux_duy_duz_dva_dvb_dvc_dvd_dve_dvf_dvg_dvh_dvi_dvj_dvk_dvl_dvm_dvn_dvo_dvp_dvq_dvr_dvs_dvt_dvu_dvv_dvw_dvx_dvy_dvz_dwa_dwb_dwc_dwd_dwe_dwf_dwg_dwh_dwi_dwj_dwk_dwl_dwm_dwn_dwo_dwp_dwq_dwr_dws_dwt_dwu_dwv_dww_dwx_dwy_dwz_dxa_dxb_dxc_dxd_dxe_dxf_dxg_dxh_dxi_dxj_dxk_dxl_dxm_dxn_dxo_dxp_dxq_dxr_dxs_dxt_dxu_dxv_dxw_dxx_dxy_dxz_dya_dyb_dyc_dyd_dye_dyf_dyg_dyh_dyi_dyj_dyk_dyl_dym_dyn_dyo_dyp_dyq_dyr_dys_dyt_dyu_dyv_dyw_dyx_dyy_dyz_dza_dzb_dzc_dzd_dze_dzf_dzg_dzh_dzi_dzj_dzk_dzl_dzm_dzn_dzo_dzp_dzq_dzr_dzs_dzt_dzu_dzv_dzw_dzx_dzy_dzz_eaa_eab_eac_ead_eae_eaf_eag_eah_eai_eaj_eak_eal_eam_ean_eao_eap_eaq_ear_eas_eat_ea

u_eav_eaw_eax_eay_eaz_eba_ebb_ebc_ebd_ebe_ebf_ebg_ebh_ebi_e
bj_ebk_ebl_ebm_ebn_ebo_ebp_ebq_ebr_ebs_ebt_ebu_ebv_ebw_ebx_
eby_ebz_eca_ecb_ecc_ecd_ece_ecf_ecg_ech_eci_ecj_eck_ecl_ecm
_ecn_eco_ecp_ecq_ecr_ecs_ect_ecu_ecv_ecw_ecx_ecy_ecz_eda_ed
b_edc_edd_ede_edf_edg_edh_edi_edj_edk_edl_edm_edn_edo_edp_e
dq_edr_eds_edt_edu_edv_edw_edx_edy_edz_eea_eeb_eec_eed_eee_
eef_eeg_eeh_eei_eej_eek_eel_eem_een_eeo_eep_eeq_eer_ees_eet
_eeu_eev_eew_eex_eey_eez_efa_efb_efc_efd_efe_eff_efg_efh_ef
i_efj_efk_efl_efm_efn_efo_efp_efq_efr_efs_eft_efu_efv_efw_e
fx_efy_efz_ega_egb_egc_egd_ege_egf_egg_egh_egi_egj_egk_egl_
egm_egn_ego_egp_egq_egr_egs_egt_egu_egv_egw_egx_egy_egz_eha
_ehb_ehc_ehd_ehe_ehf_ehg_ehh_ehi_ehj_ehk_ehl_ehm_ehn_eho_eh
p_ehq_ehr_ehs_eht_ehu_ehv_ehw_ehx_ehy_ehz_eia_eib_eic_eid_e
ie_eif_eig_eih_eii_eij_eik_eil_eim_ein_eio_eip_eiq_eir_eis_
eit_eiu_eiv_eiw_eix_eiy_eiz_eja_ejb_ejc_ejd_eje_ejf_ejg_ejh
_eji_ejj_ejk_ejl_ejm_ejn_ejo_ejp_ejq_ejr_ejs_ejt_eju_ejv_ej
w_ejx_ejy_ejz_eka_ekb_ekc_ekd_eke_ekf_ekg_ekh_eki_ekj_ekk_e
kl_ekm_ekn_eko_ekp_ekq_ekr_eks_ekt_eku_ekv_ekw_ekx_eky_ekz_
ela_elb_elc_eld_ele_elf_elg_elh_eli_elj_elk_ell_elm_eln_elo
_elp_elq_elr_els_elt_elu_elv_elw_elx_ely_elz_ema_emb_emc_em
d_eme_emf_emg_emh_emi_emj_emk_eml_emm_emn_emo_emp_emq_emr_e
ms_emt_emu_emv_emw_emx_emy_emz_ena_enb_enc_end_ene_enf_eng_
enh_eni_enj_enk_enl_enm_enn_eno_enp_enq_enr_ens_ent_enu_env
_enw_enx_eny_enz_eoa_eob_eoc_eod_eoe_eof_eog_eoh_eoi_eoj_eo
k_eol_eom_eon_eoo_eop_eoq_eor_eos_eot_eou_eov_eow_eox_eoy_e
oz_epa_epb_epc_epd_epe_epf_epg_eph_epi_epj_epk_epl_epm_epn_
epo_epp_epq_epr_eps_ept_epu_epv_epw_epx_epy_epz_eqa_eqb_eqc
_eqd_eqe_eqf_eqg_eqh_eqi_eqj_eqk_eql_eqm_eqn_eqo_eqp_eqq_eq
r_eqs_eqt_equ_eqv_eqw_eqx_eqy_eqz_era_erb_erc_erd_ere_erf_e
rg_erh_eri_erj_erk_erl_erm_ern_ero_erp_erq_err_ers_ert_eru_
erv_erw_erx_ery_erz_esa_esb_esc_esd_ese_esf_esg_esh_esi_esj
_esk_esl_esm_esn_eso_esp_esq_esr_ess_est_esu_esv_esw_esx_es
y_esz_eta_etb_etc_etd_ete_etf_etg_eth_eti_etj_etk_etl_etm_e
tn_eto_etp_etq_etr_ets_ett_etu_etv_etw_etx_ety_etz_eua_eub_
euc_eud_eue_euf_eug_euh_eui_euj_euk_eul_eum_eun_euo_eup_euq
_eur_eus_eut_euu_euv_euw_eux_euy_euz_eva_evb_evc_evd_eve_ev
f_evg_evh_evi_evj_evk_evl_evm_evn_evo_evp_evq_evr_evs_evt_e
vu_evv_evw_evx_evy_evz_ewa_ewb_ewc_ewd_ewe_ewf_ewg_ewh_ewi_

ewj_ewk_ewl_ewm_ewn_ewo_ewp_ewq_ewr_ews_ewt_ewu_ewv_eww_ewx_ewy_ewz_exa_exb_exc_exd_exe_exf_exg_exh_exi_exj_exk_exl_exm_exn_exo_exp_exq_exr_exs_ext_exu_exv_exw_exx_exy_exz_eya_eyb_eyc_eyd_eye_eyf_eyg_eyh_eyi_eyj_eyk_eyl_eym_eyn_eyo_eyp_eyq_eyr_eys_eyt_eyu_eyv_eyw_eyx_eyy_eyz_eza_ezb_ezc_ezd_eze_ezf_ezg_ezh_ezi_ezj_ezk_ezl_ezm_ezn_ezo_ezp_ezq_ezr_ezs_ezt_ezu_ezv_ezw_ezx_ezy_ezz_faa_fab_fac_fad_fae_faf_fag_fah_fai_faj_fak_fal_fam_fan_fao_fap_faq_far_fas_fat_fau_fav_faw_fax_fay_faz_fba_fbb_fbc_fbd_fbe_fbf_fbg_fbh_fbi_fbj_fbk_fbl_fbm_fbn_fbo_fbp_fbq_fbr_fbs_fbt_fbu_fbv_fbw_fbx_fby_fbz_fca_fcb_fcc_fcd_fce_fcf_fcg_fch_fci_fcj_fck_fcl_fcm_fcn_fco_fcp_fcq_fcr_fcs_fct_fcu_fcv_fcw_fcx_fcy_fcz_fda_fdb_fdc_fdd_fde_fdf_fdg_fdh_fdi_fdj_fdk_fdl_fdm_fdn_fdo_fdp_fdq_fdr_fds_fdt_fdu_fdv_fdw_fdx_fdy_fdz_fea_feb_fec_fed_fee_fef_feg_feh_fei_fej_fek_fel_fem_fen_feo_fep_feq_fer_fes_fet_feu_fev_few_fex_fey_fez_ffa_ffb_ffc_ffd_ffe_fff_ffg_ffh_ffi_ffj_ffk_ffl_ffm_ffn_ffo_ffp_ffq_ffr_ffs_fft_ffu_ffv_ffw_ffx_ffy_ffz_fga_fgb_fgc_fgd_fge_fgf_fgg_fgh_fgi_fgj_fgk_fgl_fgm_fgn_fgo_fgp_fgq_fgr_fgs_fgt_fgu_fgv_fgw_fgx_fgy_fgz_fha_fhb_fhc_fhd_fhe_fhf_fhg_fhh_fhi_fhj_fhk_fhl_fhm_fhn_fho_fhp_fhq_fhr_fhs_fht_fhu_fhv_fhw_fhx_fhy_fhz_fia_fib_fic_fid_fie_fif_fig_fih_fii_fij_fik_fil_fim_fin_fio_fip_fiq_fir_fis_fit_fiu_fiv_fiw_fix_fiy_fiz_fja_fjb_fjc_fjd_fje_fjf_fjg_fjh_fji_fjj_fjk_fjl_fjm_fjn_fjo_fjp_fjq_fjr_fjs_fjt_fju_fjv_fjw_fjx_fjy_fjz_fka_fkb_fkc_fkd_fke_fkf_fkg_fkh_fki_fkj_fkk_fkl_fkm_fkn_fko_fkp_fkq_fkr_fks_fkt_fku_fkv_fkw_fkx_fky_fkz_fla_flb_flc_fld_fle_flf_flg_flh_fli_flj_flk_fll_flm_fln_flo_flp_flq_flr_fls_flt_flu_flv_flw_flx_fly_flz_fma_fmb_fmc_fmd_fme_fmf_fmg_fmh_fmi_fmj_fmk_fml_fmm_fmn_fmo_fmp_fmq_fmr_fms_fmt_fmu_fmv_fmw_fmx_fmy_fmz_fna_fnb_fnc_fnd_fne_fnf_fng_fnh_fni_fnj_fnk_fnl_fnm_fnn_fno_fnp_fnq_fnr_fns_fnt_fnu_fnv_fnw_fnx_fny_fnz_foa_fob_foc_fod_foe_fof_fog_foh_foi_foj_fok_fol_fom_fon_foo_fop_foq_for_fos_fot_fou_fov_fow_fox_foy_foz_fpa_fpb_fpc_fpd_fpe_fpf_fpg_fph_fpi_fpj_fpk_fpl_fpm_fpn_fpo_fpp_fpq_fpr_fps_fpt_fpu_fpv_fpw_fpx_fpy_fpz_fqa_fqb_fqc_fqd_fqe_fqf_fqg_fqh_fqi_fqj_fqk_fql_fqm_fqn_fqo_fqp_fqq_fqr_fqs_fqt_fqu_fqv_fqw_fqx_fqy_fqz_fra_frb_frc_frd_fre_frf_frg_frh_fri_frj_frk_frl_frm_frn_fro_frp_frq_frr_frs_frt_fru_frv_frw_fr

x_fry_frz_fsa_fsb_fsc_fsd_fse_fsf_fsg_fsh_fsi_fsj_fsk_fsl_f
sm_fsn_fso_fsp_fsq_fsr_fss_fst_fsu_fsv_fsw_fsx_fsy_fsz_fta_
ftb_ftc_ftd_fte_ftf_ftg_fth_fti_ftj_ftk_ftl_ftm_ftn_fto_ftp
_ftq_ftr_fts_ftt_ftu_ftv_ftw_ftx_fty_ftz_fua_fub_fuc_fud_fu
e_fuf_fug_fuh_fui_fuj_fuk_ful_fum_fun_fuo_fup_fuq_fur_fus_f
ut_fuu_fuv_fuw_fux_fuy_fuz_fva_fvb_fvc_fvd_fve_fvf_fvg_fvh_
fvi_fvj_fvk_fvl_fvm_fvn_fvo_fvp_fvq_fvr_fvs_fvt_fvu_fvv_fvw
_fvx_fvy_fvz_fwa_fwb_fwc_fwd_fwe_fwf_fwg_fwh_fwi_fwj_fwk_fw
l_fwm_fwn_fwo_fwp_fwq_fwr_fws_fwt_fwu_fwv_fww_fwx_fwy_fwz_f
xa_fxb_fxc_fxd_fxe_fxf_fxg_fxh_fxi_fxj_fxk_fxl_fxm_fxn_fxo_
fxp_fxq_fxr_fxs_fxt_fxu_fxv_fxw_fxx_fxy_fxz_fya_fyb_fyc_fyd
_fye_fyf_fyg_fyh_fyi_fyj_fyk_fyl_fym_fyn_fyo_fyp_fyq_fyr_fy
s_fyt_fyu_fyv_fyw_fyx_fyy_fyz_fza_fzb_fzc_fzd_fze_fzf_fzg_f
zh_fzi_fzj_fzk_fzl_fzm_fzn_fzo_fzp_fzq_fzr_fzs_fzt_fzu_fzv_
fzw_fzx_fzy_fzz_gaa_gab_gac_gad_gae_gaf_gag_gah_gai_gaj_gak
_gal_gam_gan_gao_gap_gaq_gar_gas_gat_gau_gav_gaw_gax_gay_ga
z_gba_gbb_gbc_gbd_gbe_gbf_gbg_gbh_gbi_gbj_gbk_gbl_gbm_gbn_g
bo_gbp_gbq_gbr_gbs_gbt_gbu_gbv_gbw_gbx_gby_gbz_gca_gcb_gcc_
gcd_gce_gcf_gcg_gch_gci_gcj_gck_gcl_gcm_gcn_gco_gcp_gcq_gcr
_gcs_gct_gcu_gcv_gcw_gcx_gcy_gcz_gda_gdb_gdc_gdd_gde_gdf_gd
g_gdh_gdi_gdj_gdk_gdl_gdm_gdn_gdo_gdp_gdq_gdr_gds_gdt_gdu_g
dv_gdw_gdx_gdy_gdz_gea_geb_gec_ged_gee_gef_geg_geh_gei_gej_
gek_gel_gem_gen_geo_gep_geq_ger_ges_get_geu_gev_gew_gex_gey
_gez_gfa_gfb_gfc_gfd_gfe_gff_gfg_gfh_gfi_gfj_gfk_gfl_gfm_gf
n_gfo_gfp_gfq_gfr_gfs_gft_gfu_gfv_gfw_gfx_gfy_gfz_gga_ggb_g
gc_ggd_gge_ggf_ggg_ggh_ggi_ggj_ggk_ggl_ggm_ggn_ggo_ggp_ggq_
ggr_ggs_ggt_ggu_ggv_ggw_ggx_ggy_ggz_gha_ghb_ghc_ghd_ghe_ghf
_ghg_ghh_ghi_ghj_ghk_ghl_ghm_ghn_gho_ghp_ghq_ghr_ghs_ght_gh
u_ghv_ghw_ghx_ghy_ghz_gia_gib_gic_gid_gie_gif_gig_gih_gii_g
ij_gik_gil_gim_gin_gio_gip_giq_gir_gis_git_giu_giv_giw_gix_
giy_giz_gja_gjb_gjc_gjd_gje_gjf_gjg_gjh_gji_gjj_gjk_gjl_gjm
_gjn_gjo_gjp_gjq_gjr_gjs_gjt_gju_gjv_gjw_gjx_gjy_gjz_gka_gk
b_gkc_gkd_gke_gkf_gkg_gkh_gki_gkj_gkk_gkl_gkm_gkn_gko_gkp_g
kq_gkr_gks_gkt_gku_gkv_gkw_gkx_gky_gkz_gla_glb_glc_gld_gle_
glf_glg_glh_gli_glj_glk_gll_glm_gln_glo_glp_glq_glr_gls_glt
_glu_glv_glw_glx_gly_glz_gma_gmb_gmc_gmd_gme_gmf_gmg_gmh_gm
i_gmj_gmk_gml_gmm_gmn_gmo_gmp_gmq_gmr_gms_gmt_gmu_gmv_gmw_g
mx_gmy_gmz_gna_gnb_gnc_gnd_gne_gnf_gng_gnh_gni_gnj_gnk_gnl_

gnm_gnn_gno_gnp_gnq_gnr_gns_gnt_gnu_gnv_gnw_gnx_gny_gnz_goa
_gob_goc_god_goe_gof_gog_goh_goi_goj_gok_gol_gom_gon_goo_go
p_goq_gor_gos_got_gou_gov_gow_gox_goy_goz_gpa_gpb_gpc_gpd_g
pe_gpf_gpg_gph_gpi_gpj_gpk_gpl_gpm_gpn_gpo_gpp_gpq_gpr_gps_
gpt_gpu_gpv_gpw_gpx_gpy_gpz_gqa_gqb_gqc_gqd_gqe_gqf_gqg_gqh
_gqi_gqj_gqk_gql_gqm_gqn_gqo_gqp_gqq_gqr_gqs_gqt_gqu_gqv_gq
w_gqx_gqy_gqz_gra_grb_grc_grd_gre_grf_grg_grh_gri_grj_grk_g
rl_grm_grn_gro_grp_grq_grr_grs_grt_gru_grv_grw_grx_gry_grz_
gsa_gsb_gsc_gsd_gse_gsf_gsg_gsh_gsi_gsj_gsk_gsl_gsm_gsn_gso
_gsp_gsq_gsr_gss_gst_gsu_gsv_gsw_gsx_gsy_gsz_gta_gtb_gtc_gt
d_gte_gtf_gtg_gth_gti_gtj_gtk_gtl_gtm_gtn_gto_gtp_gtq_gtr_g
ts_gtt_gtu_gtv_gtw_gtx_gty_gtz_gua_gub_guc_gud_gue_guf_gug_
guh_gui_guj_guk_gul_gum_gun_guo_gup_guq_gur_gus_gut_guu_guv
_guw_gux_guy_guz_gva_gvb_gvc_gvd_gve_gvf_gvg_gvh_gvi_gvj_gv
k_gvl_gvm_gvn_gvo_gvp_gvq_gvr_gvs_gvt_gvu_gvv_gvw_gvx_gvy_g
vz_gwa_gwb_gwc_gwd_gwe_gwf_gwg_gwh_gwi_gwj_gwk_gwl_gwm_gwn_
gwo_gwp_gwq_gwr_gws_gwt_gwu_gwv_gww_gwx_gwy_gwz_gxa_gxb_gxc
_gxd_gxe_gxf_gxg_gxh_gxi_gxj_gxk_gxl_gxm_gxn_gxo_gxp_gxq_gx
r_gxs_gxt_gxu_gxv_gxw_gxx_gxy_gxz_gya_gyb_gyc_gyd_gye_gyf_g
yg_gyh_gyi_gyj_gyk_gyl_gym_gyn_gyo_gyp_gyq_gyr_gys_gyt_gyu_
gyv_gyw_gyx_gyy_gyz_gza_gzb_gzc_gzd_gze_gzf_gzg_gzh_gzi_gzj
_gzk_gzl_gzm_gzn_gzo_gzp_gzq_gzr_gzs_gzt_gzu_gzv_gzw_gzx_gz
y_gzz_haa_hab_hac_had_hae_haf_hag_hah_hai_haj_hak_hal_ham_h
an_hao_hap_haq_har_has_hat_hau_hav_haw_hax_hay_haz_hba_hbb_
hbc_hbd_hbe_hbf_hbg_hbh_hbi_hbj_hbk_hbl_hbm_hbn_hbo_hbp_hbq
_hbr_hbs_hbt_hbu_hbv_hbw_hbx_hby_hbz_hca_hcb_hcc_hcd_hce_hc
f_hcg_hch_hci_hcj_hck_hcl_hcm_hcn_hco_hcp_hcq_hcr_hcs_hct_h
cu_hcv_hcw_hcx_hcy_hcz_hda_hdb_hdc_hdd_hde_hdf_hdg_hdh_hdi_
hdj_hdk_hdl_hdm_hdn_hdo_hdp_hdq_hdr_hds_hdt_hdu_hdv_hdw_hdx
_hdy_hdz_hea_heb_hec_hed_hee_hef_heg_heh_hei_hej_hek_hel_he
m_hen_heo_hep_heq_her_hes_het_heu_hev_hew_hex_hey_hez_hfa_h
fb_hfc_hfd_hfe_hff_hfg_hfh_hfi_hfj_hfk_hfl_hfm_hfn_hfo_hfp_
hfq_hfr_hfs_hft_hfu_hfv_hfw_hfx_hfy_hfz_hga_hgb_hgc_hgd_hge
_hgf_hgg_hgh_hgi_hgj_hgk_hgl_hgm_hgn_hgo_hgp_hgq_hgr_hgs_hg
t_hgu_hgv_hgw_hgx_hgy_hgz_hha_hhb_hhc_hhd_hhe_hhf_hhg_hhh_h
hi_hhj_hhk_hhl_hhm_hhn_hho_hhp_hhq_hhr_hhs_hht_hhu_hhv_hhw_
hhx_hhy_hhz_hia_hib_hic_hid_hie_hif_hig_hih_hii_hij_hik_hil
_him_hin_hio_hip_hiq_hir_his_hit_hiu_hiv_hiw_hix_hiy_hiz_hj

a_hjb_hjc_hjd_hje_hjf_hjg_hjh_hji_hjj_hjk_hjl_hjm_hjn_hjo_h
jp_hjq_hjr_hjs_hjt_hju_hjv_hjw_hjx_hjy_hjz_hka_hkb_hkc_hkd_
hke_hkf_hkg_hkh_hki_hkj_hkk_hkl_hkm_hkn_hko_hkp_hkq_hkr_hks
_hkt_hku_hkv_hkw_hkx_hky_hkz_hla_hlb_hlc_hld_hle_hlf_hlg_hl
h_hli_hlj_hlk_hll_hlm_hln_hlo_hlp_hlq_hlr_hls_hlt_hlu_hlv_h
lw_hlx_hly_hlz_hma_hmb_hmc_hmd_hme_hmf_hmg_hmh_hmi_hmj_hmk_
hml_hmm_hmn_hmo_hmp_hmq_hmr_hms_hmt_hmu_hmv_hmw_hmx_hmy_hmz
_hna_hnb_hnc_hnd_hne_hnf_hng_hnh_hni_hnj_hnk_hnl_hnm_hnn_hn
o_hnp_hnq_hnr_hns_hnt_hnu_hnv_hnw_hnx_hny_hnz_hoa_hob_hoc_h
od_hoe_hof_hog_hoh_hoi_hoj_hok_hol_hom_hon_hoo_hop_hoq_hor_
hos_hot_hou_hov_how_hox_hoy_hoz_hpa_hpb_hpc_hpd_hpe_hpf_hpg
_hph_hpi_hpj_hpk_hpl_hpm_hpn_hpo_hpp_hpq_hpr_hps_hpt_hpu_hp
v_hpw_hpx_hpy_hpz_hqa_hqb_hqc_hqd_hqe_hqf_hqg_hqh_hqi_hqj_h
qk_hql_hqm_hqn_hqo_hqp_hqq_hqr_hqs_hqt_hqu_hqv_hqw_hqx_hqy_
hqz_hra_hrb_hrc_hrd_hre_hrf_hrg_hrh_hri_hrj_hrk_hrl_hrm_hrn
_hro_hrp_hrq_hrr_hrs_hrt_hru_hrv_hrw_hrx_hry_hrz_hsa_hsb_hs
c_hsd_hse_hsf_hsg_hsh_hsi_hsj_hsk_hsl_hsm_hsn_hso_hsp_hsq_h
sr_hss_hst_hsu_hsv_hsw_hsx_hsy_hsz_hta_htb_htc_htd_hte_htf_
htg_hth_hti_htj_htk_htl_htm_htn_hto_htp_htq_htr_hts_htt_htu
_htv_htw_htx_hty_htz_hua_hub_huc_hud_hue_huf_hug_huh_hui_hu
j_huk_hul_hum_hun_huo_hup_huq_hur_hus_hut_huu_huv_huw_hux_h
uy_huz_hva_hvb_hvc_hvd_hve_hvf_hvg_hvh_hvi_hvj_hvk_hvl_hvm_
hvn_hvo_hvp_hvq_hvr_hvs_hvt_hvu_hvv_hvw_hvx_hvy_hvz_hwa_hwb
_hwc_hwd_hwe_hwf_hwg_hwh_hwi_hwj_hwk_hwl_hwm_hwn_hwo_hwp_hw
q_hwr_hws_hwt_hwu_hwv_hww_hwx_hwy_hwz_hxa_hxb_hxc_hxd_hxe_h
xf_hxg_hxh_hxi_hxj_hxk_hxl_hxm_hxn_hxo_hxp_hxq_hxr_hxs_hxt_
hxu_hxv_hxw_hxx_hxy_hxz_hya_hyb_hyc_hyd_hye_hyf_hyg_hyh_hyi
_hyj_hyk_hyl_hym_hyn_hyo_hyp_hyq_hyr_hys_hyt_hyu_hyv_hyw_hy
x_hyy_hyz_hza_hzb_hzc_hzd_hze_hzf_hzg_hzh_hzi_hzj_hzk_hzl_h
zm_hzn_hzo_hzp_hzq_hzr_hzs_hzt_hzu_hzv_hzw_hzx_hzy_hzz_iaa_
iab_iac_iad_iae_iaf_iag_iah_iai_iaj_iak_ial_iam_ian_iao_iap
_iaq_iar_ias_iat_iau_iav_iaw_iax_iay_iaz_iba_ibb_ibc_ibd_ib
e_ibf_ibg_ibh_ibi_ibj_ibk_ibl_ibm_ibn_ibo_ibp_ibq_ibr_ibs_i
bt_ibu_ibv_ibw_ibx_iby_ibz_ica_icb_icc_icd_ice_icf_icg_ich_
ici_icj_ick_icl_icm_icn_ico_icp_icq_icr_ics_ict_icu_icv_icw
_icx_icy_icz_ida_idb_idc_idd_ide_idf_idg_idh_idi_idj_idk_id
l_idm_idn_ido_idp_idq_idr_ids_idt_idu_idv_idw_idx_idy_idz_i
ea_ieb_iec_ied_iee_ief_ieg_ieh_iei_iej_iek_iel_iem_ien_ieo_

iep_ieq_ier_ies_iet_ieu_iev_iew_iex_iey_iez_ifa_ifb_ifc_ifd_ife_iff_ifg_ifh_ifi_ifj_ifk_ifl_ifm_ifn_ifo_ifp_ifq_ifr_ifs_ift_ifu_ifv_ifw_ifx_ify_ifz_iga_igb_igc_igd_ige_igf_igg_igh_igi_igj_igk_igl_igm_ign_igo_igp_igq_igr_igs_igt_igu_igv_igw_igx_igy_igz_iha_ihb_ihc_ihd_ihe_ihf_ihg_ihh_ihi_ihj_ihk_ihl_ihm_ihn_iho_ihp_ihq_ihr_ihs_iht_ihu_ihv_ihw_ihx_ihy_ihz_iia_iib_iic_iid_iie_iif_iig_iih_iii_iij_iik_iil_iim_iin_iio_iip_iiq_iir_iis_iit_iiu_iiv_iiw_iix_iiy_iiz_ija_ijb_ijc_ijd_ije_ijf_ijg_ijh_iji_ijj_ijk_ijl_ijm_ijn_ijo_ijp_ijq_ijr_ijs_ijt_iju_ijv_ijw_ijx_ijy_ijz_ika_ikb_ikc_ikd_ike_ikf_ikg_ikh_iki_ikj_ikk_ikl_ikm_ikn_iko_ikp_ikq_ikr_iks_ikt_iku_ikv_ikw_ikx_iky_ikz_ila_ilb_ilc_ild_ile_ilf_ilg_ilh_ili_ilj_ilk_ill_ilm_iln_ilo_ilp_ilq_ilr_ils_ilt_ilu_ilv_ilw_ilx_ily_ilz_ima_imb_imc_imd_ime_imf_img_imh_imi_imj_imk_iml_imm_imn_imo_imp_imq_imr_ims_imt_imu_imv_imw_imx_imy_imz_ina_inb_inc_ind_ine_inf_ing_inh_ini_inj_ink_inl_inm_inn_ino_inp_inq_inr_ins_int_inu_inv_inw_inx_iny_inz_ioa_iob_ioc_iod_ioe_iof_iog_ioh_ioi_ioj_iok_iol_iom_ion_ioo_iop_ioq_ior_ios_iot_iou_iov_iow_iox_ioy_ioz_ipa_ipb_ipc_ipd_ipe_ipf_ipg_iph_ipi_ipj_ipk_ipl_ipm_ipn_ipo_ipp_ipq_ipr_ips_ipt_ipu_ipv_ipw_ipx_ipy_ipz_iqa_iqb_iqc_iqd_iqe_iqf_iqg_iqh_iqi_iqj_iqk_iql_iqm_iqn_iqo_iqp_iqq_iqr_iqs_iqt_iqu_iqv_iqw_iqx_iqy_iqz_ira_irb_irc_ird_ire_irf_irg_irh_iri_irj_irk_irl_irm_irn_iro_irp_irq_irr_irs_irt_iru_irv_irw_irx_iry_irz_isa_isb_isc_isd_ise_isf_isg_ish_isi_isj_isk_isl_ism_isn_iso_isp_isq_isr_iss_ist_isu_isv_isw_isx_isy_isz_ita_itb_itc_itd_ite_itf_itg_ith_iti_itj_itk_itl_itm_itn_ito_itp_itq_itr_its_itt_itu_itv_itw_itx_ity_itz_iua_iub_iuc_iud_iue_iuf_iug_iuh_iui_iuj_iuk_iul_ium_iun_iuo_iup_iuq_iur_ius_iut_iuu_iuv_iuw_iux_iuy_iuz_iva_ivb_ivc_ivd_ive_ivf_ivg_ivh_ivi_ivj_ivk_ivl_ivm_ivn_ivo_ivp_ivq_ivr_ivs_ivt_ivu_ivv_ivw_ivx_ivy_ivz_iwa_iwb_iwc_iwd_iwe_iwf_iwg_iwh_iwi_iwj_iwk_iwl_iwm_iwn_iwo_iwp_iwq_iwr_iws_iwt_iwu_iwv_iww_iwx_iwy_iwz_ixa_ixb_ixc_ixd_ixe_ixf_ixg_ixh_ixi_ixj_ixk_ixl_ixm_ixn_ixo_ixp_ixq_ixr_ixs_ixt_ixu_ixv_ixw_ixx_ixy_ixz_iya_iyb_iyc_iyd_iye_iyf_iyg_iyh_iyi_iyj_iyk_iyl_iym_iyn_iyo_iyp_iyq_iyr_iys_iyt_iyu_iyv_iyw_iyx_iyy_iyz_iza_izb_izc_izd_ize_izf_izg_izh_izi_izj_izk_izl_izm_izn_izo_izp_izq_izr_izs_izt_izu_izv_izw_izx_izy_izz_jaa_jab_jac_ja

d_jae_jaf_jag_jah_jai_jaj_jak_jal_jam_jan_jao_jap_jaq_jar_j
as_jat_jau_jav_jaw_jax_jay_jaz_jba_jbb_jbc_jbd_jbe_jbf_jbg_
jbh_jbi_jbj_jbk_jbl_jbm_jbn_jbo_jbp_jbq_jbr_jbs_jbt_jbu_jbv
_jbw_jbx_jby_jbz_jca_jcb_jcc_jcd_jce_jcf_jcg_jch_jci_jcj_jc
k_jcl_jcm_jcn_jco_jcp_jcq_jcr_jcs_jct_jcu_jcv_jcw_jcx_jcy_j
cz_jda_jdb_jdc_jdd_jde_jdf_jdg_jdh_jdi_jdj_jdk_jdl_jdm_jdn_
jdo_jdp_jdq_jdr_jds_jdt_jdu_jdv_jdw_jdx_jdy_jdz_jea_jeb_jec
_jed_jee_jef_jeg_jeh_jei_jej_jek_jel_jem_jen_jeo_jep_jeq_je
r_jes_jet_jeu_jev_jew_jex_jey_jez_jfa_jfb_jfc_jfd_jfe_jff_j
fg_jfh_jfi_jfj_jfk_jfl_jfm_jfn_jfo_jfp_jfq_jfr_jfs_jft_jfu_
jfv_jfw_jfx_jfy_jfz_jga_jgb_jgc_jgd_jge_jgf_jgg_jgh_jgi_jgj
_jgk_jgl_jgm_jgn_jgo_jgp_jgq_jgr_jgs_jgt_jgu_jgv_jgw_jgx_jg
y_jgz_jha_jhb_jhc_jhd_jhe_jhf_jhg_jhh_jhi_jhj_jhk_jhl_jhm_j
hn_jho_jhp_jhq_jhr_jhs_jht_jhu_jhv_jhw_jhx_jhy_jhz_jia_jib_
jic_jid_jie_jif_jig_jih_jii_jij_jik_jil_jim_jin_jio_jip_jiq
_jir_jis_jit_jiu_jiv_jiw_jix_jiy_jiz_jja_jjb_jjc_jjd_jje_jj
f_jjg_jjh_jji_jjj_jjk_jjl_jjm_jjn_jjo_jjp_jjq_jjr_jjs_jjt_j
ju_jjv_jjw_jjx_jjy_jjz_jka_jkb_jkc_jkd_jke_jkf_jkg_jkh_jki_
jkj_jkk_jkl_jkm_jkn_jko_jkp_jkq_jkr_jks_jkt_jku_jkv_jkw_jkx
_jky_jkz_jla_jlb_jlc_jld_jle_jlf_jlg_jlh_jli_jlj_jlk_jll_jl
m_jln_jlo_jlp_jlq_jlr_jls_jlt_jlu_jlv_jlw_jlx_jly_jlz_jma_j
mb_jmc_jmd_jme_jmf_jmg_jmh_jmi_jmj_jmk_jml_jmm_jmn_jmo_jmp_
jmq_jmr_jms_jmt_jmu_jmv_jmw_jmx_jmy_jmz_jna_jnb_jnc_jnd_jne
_jnf_jng_jnh_jni_jnj_jnk_jnl_jnm_jnn_jno_jnp_jnq_jnr_jns_jn
t_jnu_jnv_jnw_jnx_jny_jnz_joa_job_joc_jod_joe_jof_jog_joh_j
oi_joj_jok_jol_jom_jon_joo_jop_joq_jor_jos_jot_jou_jov_jow_
jox_joy_joz_jpa_jpb_jpc_jpd_jpe_jpf_jpg_jph_jpi_jpj_jpk_jpl
_jpm_jpn_jpo_jpp_jpq_jpr_jps_jpt_jpu_jpv_jpw_jpx_jpy_jpz_jq
a_jqb_jqc_jqd_jqe_jqf_jqg_jqh_jqi_jqj_jqk_jql_jqm_jqn_jqo_j
qp_jqq_jqr_jqs_jqt_jqu_jqv_jqw_jqx_jqy_jqz_jra_jrb_jrc_jrd_
jre_jrf_jrg_jrh_jri_jrj_jrk_jrl_jrm_jrn_jro_jrp_jrq_jrr_jrs
_jrt_jru_jrv_jrw_jrx_jry_jrz_jsa_jsb_jsc_jsd_jse_jsf_jsg_js
h_jsi_jsj_jsk_jsl_jsm_jsn_jso_jsp_jsq_jsr_jss_jst_jsu_jsv_j
sw_jsx_jsy_jsz_jta_jtb_jtc_jtd_jte_jtf_jtg_jth_jti_jtj_jtk_
jtl_jtm_jtn_jto_jtp_jtq_jtr_jts_jtt_jtu_jtv_jtw_jtx_jty_jtz
_jua_jub_juc_jud_jue_juf_jug_juh_jui_juj_juk_jul_jum_jun_ju
o_jup_juq_jur_jus_jut_juu_juv_juw_jux_juy_juz_jva_jvb_jvc_j
vd_jve_jvf_jvg_jvh_jvi_jvj_jvk_jvl_jvm_jvn_jvo_jvp_jvq . . .

ALPHABET EXPANDING

#!/usr/bin/perl

{print$,=$"x($.+=.01),a..z;redo}

ALPHABET EXPANDING

abcdefghijklmnopqrstuvwxyzabcdefghijklmnopqrstuvwxyzabcdefg
hijklmnopqrstuvwxyzabcdefghijklmnopqrstuvwxyzabcdefghijklmn
opqrstuvwxyzabcdefghijklmnopqrstuvwxyzabcdefghijklmnopqrstu
vwxyzabcdefghijklmnopqrstuvwxyzabcdefghijklmnopqrstuvwxyzab
cdefghijklmnopqrstuvwxyzabcdefghijklmnopqrstuvwxyzabcdefghi
jklmnopqrstuvwxyzabcdefghijklmnopqrstuvwxyzabcdefghijklmnop
qrstuvwxyzabcdefghijklmnopqrstuvwxyzabcdefghijklmnopqrstuvw
xyzabcdefghijklmnopqrstuvwxyzabcdefghijklmnopqrstuvwxyzabcd
efghijklmnopqrstuvwxyzabcdefghijklmnopqrstuvwxyzabcdefghijk
lmnopqrstuvwxyzabcdefghijklmnopqrstuvwxyzabcdefghijklmnopqr
stuvwxyzabcdefghijklmnopqrstuvwxyzabcdefghijklmnopqrstuvwxy
zabcdefghijklmnopqrstuvwxyzabcdefghijklmnopqrstuvwxyzabcdef
ghijklmnopqrstuvwxyzabcdefghijklmnopqrstuvwxyzabcdefghijklm
nopqrstuvwxyzabcdefghijklmnopqrstuvwxyzabcdefghijklmnopqrst
uvwxyzabcdefghijklmnopqrstuvwxyzabcdefghijklmnopqrstuvwxyza
bcdefghijklmnopqrstuvwxyzabcdefghijklmnopqrstuvwxyzabcdefgh
ijklmnopqrstuvwxyzabcdefghijklmnopqrstuvwxyzabcdefghijklmno
pqrstuvwxyzabcdefghijklmnopqrstuvwxyzabcdefghijklmnopqrstuv
wxyzabcdefghijklmnopqrstuvwxyzabcdefghijklmnopqrstuvwxyzabc
defghijklmnopqrstuvwxyzabcdefghijklmnopqrstuvwxyzabcdefghij
klmnopqrstuvwxyzabcdefghijklmnopqrstuvwxyzabcdefghijklmnopq
rstuvwxyzabcdefghijklmnopqrstuvwxyzabcdefghijklmnopqrstuvwx
yzabcdefghijklmnopqrstuvwxyzabcdefghijklmnopqrstuvwxyzabcde
fghijklmnopqrstuvwxyzabcdefghijklmnopqrstuvwxyzabcdefghijkl
mnopqrstuvwxyzabcdefghijklmnopqrstuvwxyzabcdefghijklmnopqrs
tuvwxyzabcdefghijklmnopqrstuvwxyzabcdefghijklmnopqrstuvwxyz
abcdefghijklmnopqrstuvwxyzabcdefghijklmnopqrstuvwxyzabcdefg
hijklmnopqrstuvwxyzabcdefghijklmnopqrstuvwxyzabcdefghijklmn
opqrstuvwxyzabcdefghijklmnopqrstuvwxyzabcdefghijklmnopqrstu
vwxyzabcdefghijklmnopqrstuvwxyzabcdefghijklmnopqrstuvwxyzab

cdefghijklmnopqrstuvwxyzabcdefghijklmnopqrstuvwxyzabcdefghi
jklmnopqrstuvwxyzabcdefghijklmnopqrstuvwxyzabcdefghijklmnop
qrstuvwxyzabcdefghijklmnopqrstuvwxyzabcdefghijklmnopqrstuvw
xyzabcdefghijklmnopqrstuvwxyzabcdefghijklmnopqrstuvwxyzabcd
efghijklmnopqrstuvwxyzabcdefghijklmnopqrstuvwxyzabcdefghijk
lmnopqrstuvwxyzabcdefghijklmnopqrstuvwxyzabcdefghijklmnopqr
stuvwxyzabcdefghijklmnopqrstuvwxyzabcdefghijklmnopqrstuvwxy
zabcdefghijklmnopqrstuvwxyzabcdefghijklmnopqrstuvwxyzabcdef
ghijklmnopqrstuvwxyzabcdefghijklmnopqrstuvwxyzabcdefghijklm
nopqrstuvwxyzabcdefghijklmnopqrstuvwxyzabcdefghijklmnopqrst
uvwxyzabcdefghijklmnopqrstuvwxyzabcdefghijklmnopqrstuvwxyza
bcdefghijklmnopqrstuvwxyzabcdefghijklmnopqrstuvwxyzabcdefgh
ijklmnopqrstuvwxyzabcdefghijklmnopqrstuvwxyzabcdefghijklmno
pqrstuvwxyzabcdefghijklmnopqrstuvwxyz a b c d e f g h i j
k l m n o p q r s t u v w x y z a b c d e f g h i j k l m
n o p q r s t u v w x y z a b c d e f g h i j k l m n o p
q r s t u v w x y z a b c d e f g h i j k l m n o p q r s
t u v w x y z a b c d e f g h i j k l m n o p q r s t u v
w x y z a b c d e f g h i j k l m n o p q r s t u v w x y
z a b c d e f g h i j k l m n o p q r s t u v w x y z a b
 c d e f g h i j k l m n o p q r s t u v w x y z a b c d e
 f g h i j k l m n o p q r s t u v w x y z a b c d e f g h
 i j k l m n o p q r s t u v w x y z a b c d e f g h i j k
 l m n o p q r s t u v w x y z a b c d e f g h i j k l m n
 o p q r s t u v w x y z a b c d e f g h i j k l m n o p q
 r s t u v w x y z a b c d e f g h i j k l m n o p q r s t
 u v w x y z a b c d e f g h i j k l m n o p q r s t u v w
 x y z a b c d e f g h i j k l m n o p q r s t u v w x y z
  a b c d e f g h i j k l m n o p q r s t u v w x y z a b
 c d e f g h i j k l m n o p q r s t u v w x y z a b c d e
 f g h i j k l m n o p q r s t u v w x y z a b c d e f g h
 i j k l m n o p q r s t u v w x y z a b c d e f g h i j k
 l m n o p q r s t u v w x y z a b c d e f g h i j k l m n
 o p q r s t u v w x y z a b c d e f g h i j k l m n o p q
 r s t u v w x y z a b c d e f g h i j k l m n o p q r s t
 u v w x y z a b c d e f g h i j k l m n o p q r s t u v w
 x y z a b c d e f g h i j k l m n o p q r s t u v w x y z
  a b c d e f g h i j k l m n o p q r s t u v w x y z a b c

```
d e f g h i j k l m n o p q r s t u v w x y z a b c d e f
g h i j k l m n o p q r s t u v w x y z a b c d e f g h i
j k l m n o p q r s t u v w x y z a b c d e f g h i j k l
m n o p q r s t u v w x y z a b c d e f g h i j k l m n o
p q r s t u v w x y z a b c d e f g h i j k l m n o p q r
s t u v w x y z a b c d e f g h i j k l m n o p q r s t u
v w x y z a b c d e f g h i j k l m n o p q r s t u v w x
y z a b c d e f g h i j k l m n o p q r s t u v w x y z
a b c d e f g h i j k l m n o p q r s t u v w x y z a b c
d e f g h i j k l m n o p q r s t u v w x y z a b c d e f
g h i j k l m n o p q r s t u v w x y z a b c d e f g h i
j k l m n o p q r s t u v w x y z a b c d e f g h i j k l
m n o p q r s t u v w x y z a b c d e f g h i j k l m n o
p q r s t u v w x y z a b c d e f g h i j k l m n o p q r
s t u v w x y z a b c d e f g h i j k l m n o p q r s t u
v w x y z a b c d e f g h i j k l m n o p q r s t u v w x
y z a b c d e f g h i j k l m n o p q r s t u v w x y z a
b c d e f g h i j k l m n o p q r s t u v w x y z a b c d
e f g h i j k l m n o p q r s t u v w x y z a b c d e f g
h i j k l m n o p q r s t u v w x y z a b c d e f g h i j
k l m n o p q r s t u v w x y z a b c d e f g h i j k l m
n o p q r s t u v w x y z a b c d e f g h i j k l m n o p
q r s t u v w x y z a b c d e f g h i j k l m n o p q r s
t u v w x y z a b c d e f g h i j k l m n o p q r s t u v
w x y z a b c d e f g h i j k l m n o p q r s t u v w x y
z a b c d e f g h i j k l m n o p q r s t u v w x y z a
b c d e f g h i j k l m n o p q r s t u v w x y z a b c d
e f g h i j k l m n o p q r s t u v w x y z a b c d e f g
h i j k l m n o p q r s t u v w x y z a b c d e f g h i j
k l m n o p q r s t u v w x y z a b c d e f g h i j k l m
n o p q r s t u v w x y z a b c d e f g h i j k l m n o p
q r s t u v w x y z a b c d e f g h i j k l m n o p q r s
t u v w x y z a b c d e f g h i j k l m n o p q r s t u v
w x y z a b c d e f g h i j k l m n o p q r s t u v w x y
z a b c d e f g h i j k l m n o p q r s t u v w x y z a b
c d e f g h i j k l m n o p q r s t u v w x y z a b c d e
f g h i j k l m n o p q r s t u v w x y z a b c d e f g h
i j k l m n o p q r s t u v w x y z a b c d e f g h i j k
```

```
l m n o p q r s t u v w x y z a b c d e f g h i j k l m n
o p q r s t u v w x y z a b c d e f g h i j k l m n o p q
r s t u v w x y z a b c d e f g h i j k l m n o p q r s t
u v w x y z a b c d e f g h i j k l m n o p q r s t u v w
x y z a b c d e f g h i j k l m n o p q r s t u v w x y z
a b c d e f g h i j k l m n o p q r s t u v w x y z a b
c d e f g h i j k l m n o p q r s t u v w x y z a b c d e
f g h i j k l m n o p q r s t u v w x y z a b c d e f g h
i j k l m n o p q r s t u v w x y z a b c d e f g h i j k
l m n o p q r s t u v w x y z a b c d e f g h i j k l m n
o p q r s t u v w x y z a b c d e f g h i j k l m n o p q
r s t u v w x y z a b c d e f g h i j k l m n o p q r s t
u v w x y z a b c d e f g h i j k l m n o p q r s t u v w
x y z a b c d e f g h i j k l m n o p q r s t u v w x y z
a b c d e f g h i j k l m n o p q r s t u v w x y z a b c
d e f g h i j k l m n o p q r s t u v w x y z a b c d e f
g h i j k l m n o p q r s t u v w x y z a b c d e f g h i
j k l m n o p q r s t u v w x y z a b c d e f g h i j k l
m n o p q r s t u v w x y z a b c d e f g h i j k l m n o
p q r s t u v w x y z a b c d e f g h i j k l m n o p q r
s t u v w x y z a b c d e f g h i j k l m n o p q r s t u
v w x y z a b c d e f g h i j k l m n o p q r s t u v w x
y z a b c d e f g h i j k l m n o p q r s t u v w x y z
a b c d e f g h i j k l m n o p q r s t u v w x y z a b c
d e f g h i j k l m n o p q r s t u v w x y z a b c d e f
g h i j k l m n o p q r s t u v w x y z a b c d e f g h i
j k l m n o p q r s t u v w x y z a b c d e f g h i j k l
m n o p q r s t u v w x y z   a b c d e f g h i j
k l m n o p q r s t u v w x y z   a b c
d e f g h i j k l m n o p q r s t u v
w x y z a b c d e f g h i j k l m n o
p q r s t u v w x y z a b c d e f g h
i j k l m n o p q r s t u v w x y z a
b c d e f g h i j k l m n o p q r s t u
v w x y z a b c d e f g h i j k l m n
o p q r s t u v w x y z a b c d e f g
h i j k l m n o p q r s t u v w x y z
a b c d e f g h i j k l m n o p q r s t
```

u v w x y z a b c d e f g h i j k l m
n o p q r s t u v w x y z a b c d e f
g h i j k l m n o p q r s t u v w x y
z a b c d e f g h i j k l m n o p q r
s t u v w x y z a b c d e f g h i j k
l m n o p q r s t u v w x y z a b c d
e f g h i j k l m n o p q r s t u v w x
y z a b c d e f g h i j k l m n o p q
r s t u v w x y z a b c d e f g h i j
k l m n o p q r s t u v w x y z a b c
d e f g h i j k l m n o p q r s t u v w
x y z a b c d e f g h i j k l m n o p
q r s t u v w x y z a b c d e f g h i
j k l m n o p q r s t u v w x y z a b
c d e f g h i j k l m n o p q r s t u
v w x y z a b c d e f g h i j k l m n
o p q r s t u v w x y z a b c d e f g
h i j k l m n o p q r s t u v w x y z
a b c d e f g h i j k l m n o p q r s t
u v w x y z a b c d e f g h i j k l m
n o p q r s t u v w x y z a b c d e f
g h i j k l m n o p q r s t u v w x y z
a b c d e f g h i j k l m n o p q r s
t u v w x y z a b c d e f g h i j k l
m n o p q r s t u v w x y z a b c d e
f g h i j k l m n o p q r s t u v w x
y z a b c d e f g h i j k l m n o p q
r s t u v w x y z a b c d e f g h i j
k l m n o p q r s t u v w x y z a b c
d e f g h i j k l m n o p q r s t u v
x y z a b c d e f g h i j k l m n o p
q r s t u v w x y z a b c d e f g h i
j k l m n o p q r s t u v w x y z a b
c d e f g h i j k l m n o p q r s t u v
w x y z a b c d e f g h i j k l m n o
p q r s t u v w x y z a b c d e f g h
i j k l m n o p q r s t u v w x y z a
b c d e f g h i j k l m n o p q r s t

u v w x y z a b c d e f g h i j k l m
n o p q r s t u v w x y z a b c d e f
g h i j k l m n o p q r s t u v w x y z
    a b c d e f g h i j k l m n o p q r s
t u v w x y z a b c d e f g h i j k l
m n o p q r s t u v w x y z a b c d e
f g h i j k l m n o p q r s t u v w x y
z a b c d e f g h i j k l m n o p q r
s t u v w x y z a b c d e f g h i j k
l m n o p q r s t u v w x y z a b c d
e f g h i j k l m n o p q r s t u v w
x y z a b c d e f g h i j k l m n o p
q r s t u v w x y z a b c d e f g h i
j k l m n o p q r s t u v w x y z a b
c d e f g h i j k l m n o p q r s t u v
w x y z a b c d e f g h i j k l m n o
p q r s t u v w x y z a b c d e f g h
i j k l m n o p q r s t u v w x y z a
b c d e f g h i j k l m n o p q r s t u
v w x y z a b c d e f g h i j k l m n
o p q r s t u v w x y z a b c d e f g
h i j k l m n o p q r s t u v w x y z
a b c d e f g h i j k l m n o p q r s
t u v w x y z a b c d e f g h i j k l
m n o p q r s t u v w x y z a b c d e
f g h i j k l m n o p q r s t u v w x y
z a b c d e f g h i j k l m n o p q r
s t u v w x y z a b c d e f g h i j k
l m n o p q r s t u v w x y z a b c d
e f g h i j k l m n o p q r s t u v w x
y z a b c d e f g h i j k l m n o p q
r s t u v w x y z a b c d e f g h i j
k l m n o p q r s t u v w x y z a b c
d e f g h i j k l m n o p q r s t u v
w x y z a b c d e f g h i j k l m n o
p q r s t u v w x y z a b c d e f g h
i j k l m n o p q r s t u v w x y z a
b c d e f g h i j k l m n o p q r s t u

```
v w x y z   a b c d e f g h i j k l m n
o p q r s t u v w x y z   a b c d e f g
h i j k l m n o p q r s t u v w x y z
a b c d e f g h i j k l m n o p q r s t
u v w x y z   a b c d e f g h i j k l m
n o p q r s t u v w x y z   a b c d e f
g h i j k l m n o p q r s t u v w x y
z   a b c d e f g h i j k l m n o p q r
s t u v w x y z   a b c d e f g h i j k
l m n o p q r s t u v w x y z   a b c d
e f g h i j k l m n o p q r s t u v w x
y z   a b c d e f g h i j k l m n o p q
r s t u v w x y z   a b c d e f g h i j
k l m n o p q r s t u v w x y z   a b c
d e f g h i j k l m n o p q r s t u v
x y z   a b c d e f g h i j k l m n o p
q r s t u v w x y z   a b c d e f g h i
j k l m n o p q r s t u v w x y z   a b
c d e f g h i j k l m n o p q r s t u
v w x y z   a b c d e f g h i j k l m n
o p q r s t u v w x y z   a b c d e f g
h i j k l m n o p q r s t u v w x y z
a b c d e f g h i j k l m n o p q r s t
u v w x y z   a b c d e f g h i j k l m
n o p q r s t u v w x y z   a b c d e f
g h i j k l m n o p q r s t u v w x y z
  a b c d e f g h i j k l m n o p q r s
t u v w x y z   a b c d e f g h i j k l
m n o p q r s t u v w x y z   a b c d e
f g h i j k l m n o p q r s t u v w x
y z   a b c d e f g h i j k l m n o p q
r s t u v w x y z   a b c d e f g h i j
k l m n o p q r s t u v w x y z   a b c
d e f g h i j k l m n o p q r s t u v
x y z   a b c d e f g h i j k l m n o p
q r s t u v w x y z   a b c d e f g h i
j k l m n o p q r s t u v w x y z   a b
c d e f g h i j k l m n o p q r s t u v
```

```
w x y z   a b c d e f g h i j k l m n o
p q r s t u v w x y z   a b c d e f g h
i j k l m n o p q r s t u v w x y z   a
b c d e f g h i j k l m n o p q r s t
u v w x y z   a b c d e f g h i j k l m
n o p q r s t u v w x y z   a b c d e f
g h i j k l m n o p q r s t u v w x y z
  a b c d e f g h i j k l m n o p q r s
t u v w x y z   a b c d e f g h i j k l
m n o p q r s t u v w x y z   a b c d e
f g h i j k l m n o p q r s t u v w x y
z   a b c d e f g h i j k l m n o p q r
s t u v w x y z   a b c d e f g h
  i j k l m n o p q r s t u v
w x y z   a b c d e f g h i j
k l m n o p q r s t u v w x y
z   a b c d e f g h i j k l m
n o p q r s t u v w x y z   a
b c d e f g h i j k l m n o p
q r s t u v w x y z   a b c d
e f g h i j k l m n o p q r s
  t u v w x y z   a b c d e f g
h i j k l m n o p q r s t u
v w x y z   a b c d e f g h i
j k l m n o p q r s t u v w x
y z   a b c d e f g h i j k l
m n o p q r s t u v w x y z
a b c d e f g h i j k l m n o
p q r s t u v w x y z   a b c
d e f g h i j k l m n o p q r
  s t u v w x y z   a b c d e f
g h i j k l m n o p q r s t
u v w x y z   a b c d e f g h
i j k l m n o p q r s t u v w
x y z   a b c d e f g h i j k
l m n o p q r s t u v w x y z
  a b c d e f g h i j k l m n
o p q r s t u v w x y z   a b
```

58

```
      c   d   e   f   g   h   i   j   k   l   m   n   o   p   q
      r   s   t   u   v   w   x   y   z           a   b   c   d   e
          f   g   h   i   j   k   l   m   n   o   p   q   r   s
  t   u   v   w   x   y   z           a   b   c   d   e   f   g
  h   i   j   k   l   m   n   o   p   q   r   s       t   u   v
  w   x   y   z           a   b   c   d   e   f   g   h   i   j
  k   l   m   n   o   p   q   r   s       t   u   v   w   x   y
  z       a   b   c   d   e   f   g   h   i   j   k   l       m
  n   o   p   q   r   s       t   u   v   w   x   y   z       a
  b   c   d   e   f   g   h   i   j   k   l   m   n       o   p
  q   r   s       t   u   v   w   x   y   z       a   b   c   d
  e   f   g   h   i   j   k   l   m   n   o   p   q   r
  s   t   u   v   w   x   y   z       a   b   c   d   e   f
  g   h   i   j   k   l   m   n   o   p   q   r   s       t   u
  v   w   x   y   z       a   b   c   d   e   f   g   h   i
  j   k   l   m   n   o   p   q   r   s       t   u   v   w   x
  y   z       a   b   c   d   e   f       g   h   i   j   k   l
  m   n   o   p   q   r   s       t   u   v   w   x   y   z
  a   b   c   d   e   f   g   h   i   j   k   l   m   n       o
      p   q   r   s       t   u   v   w   x   y   z       a   b   c
      d   e   f   g   h   i   j   k   l   m   n   o   p   q
  r   s   t   u   v   w   x   y   z       a   b   c   d   e
  f   g   h   i   j   k   l   m   n   o   p   q   r   s       t
  u   v   w   x   y   z       a   b   c   d   e   f   g       h
  i   j   k   l   m   n   o   p   q   r   s       t   u   v   w
      x   y   z       a   b   c   d   e   f   g   h   i   j   k
  l   m   n   o   p   q   r   s       t   u   v   w   x   y   z
      a   b   c   d   e   f   g   h   i   j   k   l   m       n
          o   p   q   r   s       t   u   v   w   x   y   z       a   b
          c   d   e   f   g   h   i   j   k   l   m   n   o   p
  q   r   s   t   u   v   w   x   y   z       a   b   c   d
  e   f   g   h   i   j   k   l   m   n   o   p   q   r   s
  t   u   v   w   x   y   z       a   b   c   d   e   f       g
  h   i   j   k   l   m   n   o   p   q   r   s       t   u   v
  w   x   y   z       a   b   c   d   e   f   g   h   i       j
  k   l   m   n   o   p   q   r   s       t   u   v   w   x   y
  z       a   b   c   d   e   f   g   h   i   j   k   l       m
          n   o   p   q   r   s       t   u   v   w   x   y   z       a
```

```
       b   c   d   e   f   g   h   i   j   k   l   m   n   o
   p   q   r   s   t   u   v   w   x   y   z           a   b   c
   d   e   f   g   h   i   j   k   l   m   n   o   p   q   r
   s   t   u   v   w   x   y   z           a   b   c   d   e   f
   g   h   i   j   k   l   m   n   o   p   q   r   s   t   u
   v   w   x   y   z           a   b   c   d   e   f   g   h   i
   j   k   l   m   n   o   p   q   r   s   t   u   v   w   x
   y   z           a   b   c   d   e   f   g   h   i   j   k   l
   m   n   o   p   q   r   s   t   u   v   w   x   y   z
   a   b   c   d   e   f   g   h   i   j   k   l   m   n
o  p   q   r   s   t   u   v   w   x   y   z           a   b
c  d   e   f   g   h   i   j   k   l   m   n   o   p   q
r  s   t   u   v   w   x   y   z           a   b   c   d   e
f  g   h   i   j   k   l   m   n   o   p   q   r   s   t
u  v   w   x   y   z           a   b   c   d   e   f   g   h
   i   j   k   l   m   n   o   p   q   r   s   t   u   v   w
   x   y   z           a   b   c   d   e   f   g   h   i   j   k
       l   m   n   o   p   q   r   s   t   u   v   w   x   y
z      a   b   c   d   e   f   g   h   i   j   k   l   m
n  o   p   q   r   s   t   u   v   w   x   y   z           a
b  c   d   e   f   g   h   i   j   k   l   m   n   o   p
q  r   s   t   u   v   w   x   y   z           a   b   c   d
e  f   g   h   i   j   k   l   m   n   o   p   q   r   s
   t   u   v   w   x   y   z           a   b   c   d   e   f   g
   h   i   j   k   l   m   n   o   p   q   r   s   t   u   v
   w   x   y   z           a   b   c   d   e   f   g   h   i   j
       k   l   m   n   o   p   q   r   s   t   u   v   w   x
y  z       a   b   c   d   e   f   g   h   i   j   k   l
m  n   o   p   q   r   s   t   u   v   w   x   y   z
a  b   c   d   e   f   g   h   i   j   k   l   m   n   o
p  q   r   s   t   u   v   w   x   y   z           a   b   c
d  e   f   g   h   i   j   k   l   m   n   o   p   q   r
s  t   u   v   w   x   y   z           a   b   c   d   e   f
g  h   i   j   k   l   m   n   o   p   q   r   s   t   u
   v   w   x   y   z           a   b   c   d   e   f   g   h   i
       j   k   l   m   n   o   p   q   r   s   t   u   v   w
x  y   z       a   b   c   d   e   f   g   h   i   j   k
l  m   n   o   p   q   r   s   t   u   v   w   x   y   z
```

```
        a   b   c   d   e   f   g   h   i   j   k   l   m   n
    o   p   q   r   s   t   u   v   w   x   y   z       a   b
    c   d   e   f   g   h   i   j   k   l   m   n   o   p   q
    r   s   t   u   v   w   x   y   z       a   b   c   d   e
    f   g   h   i   j   k   l   m   n   o   p   q   r   s   t
    u   v   w   x   y   z       a   b   c   d   e   f   g   h
    i   j   k   l   m   n   o   p   q   r   s   t   u   v
w   x   y   z       a   b   c   d   e   f   g   h   i   j
k   l   m   n   o   p   q   r   s   t   u   v   w   x   y
z       a   b   c   d   e   f   g   h   i   j   k   l   m
n   o   p   q   r   s   t   u   v   w   x   y   z       a
b   c   d   e   f   g   h   i   j   k   l   m   n   o   p
q   r   s   t   u   v   w   x   y   z       a   b   c   d
e   f   g   h   i   j   k   l   m   n   o   p   q   r   s
    t   u   v   w   x   y   z       a   b   c   d   e   f   g
    h   i   j   k   l   m   n   o   p   q   r   s   t   u
v   w   x   y   z       a   b   c   d   e   f   g   h   i
j   k   l   m   n   o   p   q   r   s   t   u   v   w   x
y   z       a   b   c   d   e   f   g   h   i   j   k   l
m   n   o   p   q   r   s   t   u   v   w   x   y   z
a   b   c   d   e   f   g   h   i   j   k   l   m   n   o
p   q   r   s   t   u   v   w   x   y   z       a   b   c
d   e   f   g   h   i   j   k   l   m   n   o   p   q   r
    s   t   u   v   w   x   y   z       a   b   c   d   e   f
    g   h   i   j   k   l   m   n   o   p   q   r   s   t
u   v   w   x   y   z       a   b   c   d   e   f   g   h
i   j   k   l   m   n   o   p   q   r   s   t   u   v   w
x   y   z       a   b   c   d   e   f   g   h   i   j   k
l   m   n   o   p   q   r   s   t   u   v   w   x   y   z
        a   b   c   d   e   f   g   h   i   j   k   l   m   n
    o   p   q   r   s   t   u   v   w   x   y   z       a   b
    c   d   e   f   g   h   i   j   k   l   m   n   o   p   q
    r   s   t   u   v   w   x   y   z       a   b   c   d   e
        f   g   h   i   j   k   l   m   n   o   p   q   r   s
    t   u   v   w   x   y   z       a   b   c   d   e   f   g
    h   i   j   k   l   m   n   o   p   q   r   s   t   u   v
w   x   y   z       a   b   c   d   e   f   g   h   i   j
k   l   m   n   o   p   q   r   s   t   u   v   w   x   y
```

z a b c d e f g h i j k l m
n o p q r s t u v w x y z a
b c d e f g h i j k l m n o p
q r s t u v w x y z a b c d
e f g h i j k l m n o p q r
s t u v w x y z a b c d e f
g h i j k l m n o p q r s t u
v w x y z a b c d e f g h i
j k l m n o p q r s t u v w x
y z a b c d e f g h i j k l
m n o p q r s t u v w x y z
a b c d e f g h i j k l m n o
p q r s t u v w x y z a b c
d e f g h i j k l m n o p q
r s t u v w x y z a b c d e
f g h i j k l m n o p q r s t
u v w x y z a b c d e f g h
i j k l m n o p q r s t u v w
x y z a b c d e f g h i j k
l m n o p q r s t u v w x y z
a b c d e f g h i j k l m n
o p q r s t u v w x y z a b
c d e f g h i j k l m n o p
q r s t u v w x y z a b c d
e f g h i j k l m n o p q r s
t u v w x y z a b c d e f g
h i j k l m n o p q r s t u v
w x y z a b c d e f g h i j
k l m n o p q r s t u v w x y
z a b c d e f g h i j k l m
n o p q r s t u v w x y z a
b c d e f g h i j k l m n o
p q r s t u v w x y z a b c
d e f g h i j k l m n o p q r
s t u v w x y z a b c d e f
g h i j k l m n o p q r s t u
v w x y z a b c d e f g h i
j k l m n o p q r s t u v w x

```
        y   z       a   b   c   d   e   f   g   h   i   j   k   l
        m   n   o   p   q   r   s   t   u   v   w   x   y   z
        a   b   c   d   e   f   g   h   i   j   k   l   m   n
o   p   q   r   s   t   u   v   w   x   y   z           a   b
        c   d   e   f   g   h   i   j   k   l   m
n   o   p   q   r   s   t   u   v   w   x   y
z       a   b   c   d   e   f   g   h   i   j
k   l   m   n   o   p   q   r   s   t   u   v
w   x   y   z       a   b   c   d . e   f   g
h   i   j   k   l   m   n   o   p   q   r   s
t   u   v   w   x   y   z       a   b   c   d
e   f   g   h   i   j   k   l   m   n   o   p
q   r   s   t   u   v   w   x   y   z       a
b   c   d   e   f   g   h   i   j   k   l
m   n   o   p   q   r   s   t   u   v   w   x
y   z       a   b   c   d   e   f   g   h   i
j   k   l   m   n   o   p   q   r   s   t   u
v   w   x   y   z       a   b   c   d   e   f
g   h   i   j   k   l   m   n   o   p   q   r
s   t   u   v   w   x   y   z       a   b   c
d   e   f   g   h   i   j   k   l   m   n   o
        p   q   r   s   t   u   v   w   x   y   z
        a   b   c   d   e   f   g   h   i   j   k
l   m   n   o   p   q   r   s   t   u   v   w
x   y   z       a   b   c   d   e   f   g   h
i   j   k   l   m   n   o   p   q   r   s   t
u   v   w   x   y   z       a   b   c   d   e
f   g   h   i   j   k   l   m   n   o   p   q
r   s   t   u   v   w   x   y   z       a   b
c   d   e   f   g   h   i   j   k   l   m   n
        o   p   q   r   s   t   u   v   w   x   y
z       a   b   c   d   e   f   g   h   i   j
k   l   m   n   o   p   q   r   s   t   u   v
w   x   y   z       a   b   c   d   e   f   g
h   i   j   k   l   m   n   o   p   q   r   s
t   u   v   w   x   y   z       a   b   c   d
e   f   g   h   i   j   k   l   m   n   o   p
        q   r   s   t   u   v   w   x   y   z . . .
```

ASCII HEGEMONY

```perl
#!/usr/bin/perl

{print" ".chr for 32..126;redo}
```

ASCII HEGEMONY

```
    !   "   #   $   %   &   '   (   )   *   +   ,   -   .   /   0   1   2   3
4   5   6   7   8   9   :   ;   <   =   >   ?   @   A   B   C   D   E   F   G
H   I   J   K   L   M   N   O   P   Q   R   S   T   U   V   W   X   Y   Z   [
\   ]   ^   _   `   a   b   c   d   e   f   g   h   i   j   k   l   m   n   o
p   q   r   s   t   u   v   w   x   y   z   {   |   }   ~       !   "   #   $
%   &   '   (   )   *   +   ,   -   .   /   0   1   2   3   4   5   6   7   8
9   :   ;   <   =   >   ?   @   A   B   C   D   E   F   G   H   I   J   K   L
M   N   O   P   Q   R   S   T   U   V   W   X   Y   Z   [   \   ]   ^   _   `
a   b   c   d   e   f   g   h   i   j   k   l   m   n   o   p   q   r   s   t
u   v   w   x   y   z   {   |   }   ~       !   "   #   $   %   &   '   (   )
*   +   ,   -   .   /   0   1   2   3   4   5   6   7   8   9   :   ;   <   =
>   ?   @   A   B   C   D   E   F   G   H   I   J   K   L   M   N   O   P   Q
R   S   T   U   V   W   X   Y   Z   [   \   ]   ^   _   `   a   b   c   d   e
f   g   h   i   j   k   l   m   n   o   p   q   r   s   t   u   v   w   x   y
z   {   |   }   ~       !   "   #   $   %   &   '   (   )   *   +   ,   -   .
/   0   1   2   3   4   5   6   7   8   9   :   ;   <   =   >   ?   @   A   B
C   D   E   F   G   H   I   J   K   L   M   N   O   P   Q   R   S   T   U   V
W   X   Y   Z   [   \   ]   ^   _   `   a   b   c   d   e   f   g   h   i   j
k   l   m   n   o   p   q   r   s   t   u   v   w   x   y   z   {   |   }   ~
    !   "   #   $   %   &   '   (   )   *   +   ,   -   .   /   0   1   2   3   4
5   6   7   8   9   :   ;   <   =   >   ?   @   A   B   C   D   E   F   G   H
I   J   K   L   M   N   O   P   Q   R   S   T   U   V   W   X   Y   Z   [   \
]   ^   _   `   a   b   c   d   e   f   g   h   i   j   k   l   m   n   o   p
q   r   s   t   u   v   w   x   y   z   {   |   }   ~       !   "   #   $   %
&   '   (   )   *   +   ,   -   .   /   0   1   2   3   4   5   6   7   8   9
:   ;   <   =   >   ?   @   A   B   C   D   E   F   G   H   I   J   K   L   M
N   O   P   Q   R   S   T   U   V   W   X   Y   Z   [   \   ]   ^   _   `   a
b   c   d   e   f   g   h   i   j   k   l   m   n   o   p   q   r   s   t   u
v   w   x   y   z   {   |   }   ~       !   "   #   $   %   &   '   (   )   *
+   ,   -   .   /   0   1   2   3   4   5   6   7   8   9   :   ;   <   =   >
```

```
   ?   @   A   B   C   D   E   F   G   H   I   J   K   L   M   N   O   P   Q   R
   S   T   U   V   W   X   Y   Z   [   \   ]   ^   _   `   a   b   c   d   e   f
   g   h   i   j   k   l   m   n   o   p   q   r   s   t   u   v   w   x   y   z
   {   |   }   ~       !   "   #   $   %   &   '   (   )   *   +   ,   -   .   /
   0   1   2   3   4   5   6   7   8   9   :   ;   <   =   >   ?   @   A   B   C
   D   E   F   G   H   I   J   K   L   M   N   O   P   Q   R   S   T   U   V   W
   X   Y   Z   [   \   ]   ^   _   `   a   b   c   d   e   f   g   h   i   j   k
   l   m   n   o   p   q   r   s   t   u   v   w   x   y   z   {   |   }   ~
   !   "   #   $   %   &   '   (   )   *   +   ,   -   .   /   0   1   2   3   4
   5   6   7   8   9   :   ;   <   =   >   ?   @   A   B   C   D   E   F   G   H
   I   J   K   L   M   N   O   P   Q   R   S   T   U   V   W   X   Y   Z   [   \
   ]   ^   _   `   a   b   c   d   e   f   g   h   i   j   k   l   m   n   o   p
   q   r   s   t   u   v   w   x   y   z   {   |   }   ~       !   "   #   $   %
   &   '   (   )   *   +   ,   -   .   /   0   1   2   3   4   5   6   7   8   9
   :   ;   <   =   >   ?   @   A   B   C   D   E   F   G   H   I   J   K   L   M
   N   O   P   Q   R   S   T   U   V   W   X   Y   Z   [   \   ]   ^   _   `   a
   b   c   d   e   f   g   h   i   j   k   l   m   n   o   p   q   r   s   t   u
   v   w   x   y   z   {   |   }   ~       !   "   #   $   %   &   '   (   )   *
   +   ,   -   .   /   0   1   2   3   4   5   6   7   8   9   :   ;   <   =   >
   ?   @   A   B   C   D   E   F   G   H   I   J   K   L   M   N   O   P   Q   R
   S   T   U   V   W   X   Y   Z   [   \   ]   ^   _   `   a   b   c   d   e   f
   g   h   i   j   k   l   m   n   o   p   q   r   s   t   u   v   w   x   y   z
   {   |   }   ~       !   "   #   $   %   &   '   (   )   *   +   ,   -   .   /
   0   1   2   3   4   5   6   7   8   9   :   ;   <   =   >   ?   @   A   B   C
   D   E   F   G   H   I   J   K   L   M   N   O   P   Q   R   S   T   U   V   W
   X   Y   Z   [   \   ]   ^   _   `   a   b   c   d   e   f   g   h   i   j   k
   l   m   n   o   p   q   r   s   t   u   v   w   x   y   z   {   |   }   ~
   !   "   #   $   %   &   '   (   )   *   +   ,   -   .   /   0   1   2   3   4
   5   6   7   8   9   :   ;   <   =   >   ?   @   A   B   C   D   E   F   G   H
   I   J   K   L   M   N   O   P   Q   R   S   T   U   V   W   X   Y   Z   [   \
   ]   ^   _   `   a   b   c   d   e   f   g   h   i   j   k   l   m   n   o   p
   q   r   s   t   u   v   w   x   y   z   {   |   }   ~       !   "   #   $   %
   &   '   (   )   *   +   ,   -   .   /   0   1   2   3   4   5   6   7   8   9
   :   ;   <   =   >   ?   @   A   B   C   D   E   F   G   H   I   J   K   L   M
   N   O   P   Q   R   S   T   U   V   W   X   Y   Z   [   \   ]   ^   _   `   a
   b   c   d   e   f   g   h   i   j   k   l   m   n   o   p   q   r   s   t   u
   v   w   x   y   z   {   |   }   ~       !   "   #   $   %   &   '   (   )   *
   +   ,   -   .   /   0   1   2   3   4   5   6   7   8   9   :   ;   <   =   >
```

```
?  @  A  B  C  D  E  F  G  H  I  J  K  L  M  N  O  P  Q  R
S  T  U  V  W  X  Y  Z  [  \  ]  ^  _  `  a  b  c  d  e  f
g  h  i  j  k  l  m  n  o  p  q  r  s  t  u  v  w  x  y  z
{  |  }  ~     !  "  #  $  %  &  '  (  )  *  +  ,  -  .  /
0  1  2  3  4  5  6  7  8  9  :  ;  <  =  >  ?  @  A  B  C
D  E  F  G  H  I  J  K  L  M  N  O  P  Q  R  S  T  U  V  W
X  Y  Z  [  \  ]  ^  _  `  a  b  c  d  e  f  g  h  i  j  k
l  m  n  o  p  q  r  s  t  u  v  w  x  y  z  {  |  }  ~
!  "  #  $  %  &  '  (  )  *  +  ,  -  .  /  0  1  2  3  4
5  6  7  8  9  :  ;  <  =  >  ?  @  A  B  C  D  E  F  G  H
I  J  K  L  M  N  O  P  Q  R  S  T  U  V  W  X  Y  Z  [  \
]  ^  _  `  a  b  c  d  e  f  g  h  i  j  k  l  m  n  o  p
q  r  s  t  u  v  w  x  y  z  {  |  }  ~     !  "  #  $  %
&  '  (  )  *  +  ,  -  .  /  0  1  2  3  4  5  6  7  8  9
:  ;  <  =  >  ?  @  A  B  C  D  E  F  G  H  I  J  K  L  M
N  O  P  Q  R  S  T  U  V  W  X  Y  Z  [  \  ]  ^  _  `  a
b  c  d  e  f  g  h  i  j  k  l  m  n  o  p  q  r  s  t  u
v  w  x  y  z  {  |  }  ~     !  "  #  $  %  &  '  (  )  *
+  ,  -  .  /  0  1  2  3  4  5  6  7  8  9  :  ;  <  =  >
?  @  A  B  C  D  E  F  G  H  I  J  K  L  M  N  O  P  Q  R
S  T  U  V  W  X  Y  Z  [  \  ]  ^  _  `  a  b  c  d  e  f
g  h  i  j  k  l  m  n  o  p  q  r  s  t  u  v  w  x  y  z
{  |  }  ~     !  "  #  $  %  &  '  (  )  *  +  ,  -  .  /
0  1  2  3  4  5  6  7  8  9  :  ;  <  =  >  ?  @  A  B  C
D  E  F  G  H  I  J  K  L  M  N  O  P  Q  R  S  T  U  V  W
X  Y  Z  [  \  ]  ^  _  `  a  b  c  d  e  f  g  h  i  j  k
l  m  n  o  p  q  r  s  t  u  v  w  x  y  z  {  |  }  ~
!  "  #  $  %  &  '  (  )  *  +  ,  -  .  /  0  1  2  3  4
5  6  7  8  9  :  ;  <  =  >  ?  @  A  B  C  D  E  F  G  H
I  J  K  L  M  N  O  P  Q  R  S  T  U  V  W  X  Y  Z  [  \
]  ^  _  `  a  b  c  d  e  f  g  h  i  j  k  l  m  n  o  p
q  r  s  t  u  v  w  x  y  z  {  |  }  ~     !  "  #  $  %
&  '  (  )  *  +  ,  -  .  /  0  1  2  3  4  5  6  7  8  9
:  ;  <  =  >  ?  @  A  B  C  D  E  F  G  H  I  J  K  L  M
N  O  P  Q  R  S  T  U  V  W  X  Y  Z  [  \  ]  ^  _  `  a
b  c  d  e  f  g  h  i  j  k  l  m  n  o  p  q  r  s  t  u
v  w  x  y  z  {  |  }  ~     !  "  #  $  %  &  '  (  )  *
+  ,  -  .  /  0  1  2  3  4  5  6  7  8  9  :  ;  <  =  >
```

```
?  @  A  B  C  D  E  F  G  H  I  J  K  L  M  N  O  P  Q  R
S  T  U  V  W  X  Y  Z  [  \  ]  ^  _  `  a  b  c  d  e  f
g  h  i  j  k  l  m  n  o  p  q  r  s  t  u  v  w  x  y  z
{  |  }  ~     !  "  #  $  %  &  '  (  )  *  +  ,  -  .  /
0  1  2  3  4  5  6  7  8  9  :  ;  <  =  >  ?  @  A  B  C
D  E  F  G  H  I  J  K  L  M  N  O  P  Q  R  S  T  U  V  W
X  Y  Z  [  \  ]  ^  _  `  a  b  c  d  e  f  g  h  i  j  k
l  m  n  o  p  q  r  s  t  u  v  w  x  y  z  {  |  }  ~
!  "  #  $  %  &  '  (  )  *  +  ,  -  .  /  0  1  2  3  4
5  6  7  8  9  :  ;  <  =  >  ?  @  A  B  C  D  E  F  G  H
I  J  K  L  M  N  O  P  Q  R  S  T  U  V  W  X  Y  Z  [  \
]  ^  _  `  a  b  c  d  e  f  g  h  i  j  k  l  m  n  o  p
q  r  s  t  u  v  w  x  y  z  {  |  }  ~     !  "  #  $  %
&  '  (  )  *  +  ,  -  .  /  0  1  2  3  4  5  6  7  8  9
:  ;  <  =  >  ?  @  A  B  C  D  E  F  G  H  I  J  K  L  M
N  O  P  Q  R  S  T  U  V  W  X  Y  Z  [  \  ]  ^  _  `  a
b  c  d  e  f  g  h  i  j  k  l  m  n  o  p  q  r  s  t  u
v  w  x  y  z  {  |  }  ~     !  "  #  $  %  &  '  (  )  *
+  ,  -  .  /  0  1  2  3  4  5  6  7  8  9  :  ;  <  =  >
?  @  A  B  C  D  E  F  G  H  I  J  K  L  M  N  O  P  Q  R
S  T  U  V  W  X  Y  Z  [  \  ]  ^  _  `  a  b  c  d  e  f
g  h  i  j  k  l  m  n  o  p  q  r  s  t  u  v  w  x  y  z
{  |  }  ~     !  "  #  $  %  &  '  (  )  *  +  ,  -  .  /
0  1  2  3  4  5  6  7  8  9  :  ;  <  =  >  ?  @  A  B  C
D  E  F  G  H  I  J  K  L  M  N  O  P  Q  R  S  T  U  V  W
X  Y  Z  [  \  ]  ^  _  `  a  b  c  d  e  f  g  h  i  j  k
l  m  n  o  p  q  r  s  t  u  v  w  x  y  z  {  |  }  ~
!  "  #  $  %  &  '  (  )  *  +  ,  -  .  /  0  1  2  3  4
5  6  7  8  9  :  ;  <  =  >  ?  @  A  B  C  D  E  F  G  H
I  J  K  L  M  N  O  P  Q  R  S  T  U  V  W  X  Y  Z  [  \
]  ^  _  `  a  b  c  d  e  f  g  h  i  j  k  l  m  n  o  p
q  r  s  t  u  v  w  x  y  z  {  |  }  ~     !  "  #  $  %
&  '  (  )  *  +  ,  -  .  /  0  1  2  3  4  5  6  7  8  9
:  ;  <  =  >  ?  @  A  B  C  D  E  F  G  H  I  J  K  L  M
N  O  P  Q  R  S  T  U  V  W  X  Y  Z  [  \  ]  ^  _  `  a
b  c  d  e  f  g  h  i  j  k  l  m  n  o  p  q  r  s  t  u
v  w  x  y  z  {  |  }  ~     !  "  #  $  %  &  '  (  )  *
+  ,  -  .  /  0  1  2  3  4  5  6  7  8  9  :  ;  <  =  >
```

```
    ?   @   A   B   C   D   E   F   G   H   I   J   K   L   M   N   O   P   Q   R
    S   T   U   V   W   X   Y   Z   [   \   ]   ^   _   `   a   b   c   d   e   f
    g   h   i   j   k   l   m   n   o   p   q   r   s   t   u   v   w   x   y   z
    {   |   }   ~       !   "   #   $   %   &   '   (   )   *   +   ,   -   .   /
    0   1   2   3   4   5   6   7   8   9   :   ;   <   =   >   ?   @   A   B   C
    D   E   F   G   H   I   J   K   L   M   N   O   P   Q   R   S   T   U   V   W
    X   Y   Z   [   \   ]   ^   _   `   a   b   c   d   e   f   g   h   i   j   k
    l   m   n   o   p   q   r   s   t   u   v   w   x   y   z   {   |   }   ~
    !   "   #   $   %   &   '   (   )   *   +   ,   -   .   /   0   1   2   3   4
    5   6   7   8   9   :   ;   <   =   >   ?   @   A   B   C   D   E   F   G   H
    I   J   K   L   M   N   O   P   Q   R   S   T   U   V   W   X   Y   Z   [   \
    ]   ^   _   `   a   b   c   d   e   f   g   h   i   j   k   l   m   n   o   p
    q   r   s   t   u   v   w   x   y   z   {   |   }   ~       !   "   #   $   %
    &   '   (   )   *   +   ,   -   .   /   0   1   2   3   4   5   6   7   8   9
    :   ;   <   =   >   ?   @   A   B   C   D   E   F   G   H   I   J   K   L   M
    N   O   P   Q   R   S   T   U   V   W   X   Y   Z   [   \   ]   ^   _   `   a
    b   c   d   e   f   g   h   i   j   k   l   m   n   o   p   q   r   s   t   u
    v   w   x   y   z   {   |   }   ~       !   "   #   $   %   &   '   (   )   *
    +   ,   -   .   /   0   1   2   3   4   5   6   7   8   9   :   ;   <   =   >
    ?   @   A   B   C   D   E   F   G   H   I   J   K   L   M   N   O   P   Q   R
    S   T   U   V   W   X   Y   Z   [   \   ]   ^   _   `   a   b   c   d   e   f
    g   h   i   j   k   l   m   n   o   p   q   r   s   t   u   v   w   x   y   z
    {   |   }   ~       !   "   #   $   %   &   '   (   )   *   +   ,   -   .   /
    0   1   2   3   4   5   6   7   8   9   :   ;   <   =   >   ?   @   A   B   C
    D   E   F   G   H   I   J   K   L   M   N   O   P   Q   R   S   T   U   V   W
    X   Y   Z   [   \   ]   ^   _   `   a   b   c   d   e   f   g   h   i   j   k
    l   m   n   o   p   q   r   s   t   u   v   w   x   y   z   {   |   }   ~
    !   "   #   $   %   &   '   (   )   *   +   ,   -   .   /   0   1   2   3   4
    5   6   7   8   9   :   ;   <   =   >   ?   @   A   B   C   D   E   F   G   H
    I   J   K   L   M   N   O   P   Q   R   S   T   U   V   W   X   Y   Z   [   \
    ]   ^   _   `   a   b   c   d   e   f   g   h   i   j   k   l   m   n   o   p
    q   r   s   t   u   v   w   x   y   z   {   |   }   ~       !   "   #   $   %
    &   '   (   )   *   +   ,   -   .   /   0   1   2   3   4   5   6   7   8   9
    :   ;   <   =   >   ?   @   A   B   C   D   E   F   G   H   I   J   K   L   M
    N   O   P   Q   R   S   T   U   V   W   X   Y   Z   [   \   ]   ^   _   `   a
    b   c   d   e   f   g   h   i   j   k   l   m   n   o   p   q   r   s   t   u
    v   w   x   y   z   {   |   }   ~       !   "   #   $   %   &   '   (   )   *
    +   ,   -   .   /   0   1   2   3   4   5   6   7   8   9   :   ;   <   =   >
```

```
?  @  A  B  C  D  E  F  G  H  I  J  K  L  M  N  O  P  Q  R
S  T  U  V  W  X  Y  Z  [  \  ]  ^  _  `  a  b  c  d  e  f
g  h  i  j  k  l  m  n  o  p  q  r  s  t  u  v  w  x  y  z
{  |  }  ~     !  "  #  $  %  &  '  (  )  *  +  ,  -  .  /
0  1  2  3  4  5  6  7  8  9  :  ;  <  =  >  ?  @  A  B  C
D  E  F  G  H  I  J  K  L  M  N  O  P  Q  R  S  T  U  V  W
X  Y  Z  [  \  ]  ^  _  `  a  b  c  d  e  f  g  h  i  j  k
l  m  n  o  p  q  r  s  t  u  v  w  x  y  z  {  |  }  ~
!  "  #  $  %  &  '  (  )  *  +  ,  -  .  /  0  1  2  3  4
5  6  7  8  9  :  ;  <  =  >  ?  @  A  B  C  D  E  F  G  H
I  J  K  L  M  N  O  P  Q  R  S  T  U  V  W  X  Y  Z  [  \
]  ^  _  `  a  b  c  d  e  f  g  h  i  j  k  l  m  n  o  p
q  r  s  t  u  v  w  x  y  z  {  |  }  ~     !  "  #  $  %
&  '  (  )  *  +  ,  -  .  /  0  1  2  3  4  5  6  7  8  9
:  ;  <  =  >  ?  @  A  B  C  D  E  F  G  H  I  J  K  L  M
N  O  P  Q  R  S  T  U  V  W  X  Y  Z  [  \  ]  ^  _  `  a
b  c  d  e  f  g  h  i  j  k  l  m  n  o  p  q  r  s  t  u
v  w  x  y  z  {  |  }  ~     !  "  #  $  %  &  '  (  )  *
+  ,  -  .  /  0  1  2  3  4  5  6  7  8  9  :  ;  <  =  >
?  @  A  B  C  D  E  F  G  H  I  J  K  L  M  N  O  P  Q  R
S  T  U  V  W  X  Y  Z  [  \  ]  ^  _  `  a  b  c  d  e  f
g  h  i  j  k  l  m  n  o  p  q  r  s  t  u  v  w  x  y  z
{  |  }  ~     !  "  #  $  %  &  '  (  )  *  +  ,  -  .  /
0  1  2  3  4  5  6  7  8  9  :  ;  <  =  >  ?  @  A  B  C
D  E  F  G  H  I  J  K  L  M  N  O  P  Q  R  S  T  U  V  W
X  Y  Z  [  \  ]  ^  _  `  a  b  c  d  e  f  g  h  i  j  k
l  m  n  o  p  q  r  s  t  u  v  w  x  y  z  {  |  }  ~
!  "  #  $  %  &  '  (  )  *  +  ,  -  .  /  0  1  2  3  4
5  6  7  8  9  :  ;  <  =  >  ?  @  A  B  C  D  E  F  G  H
I  J  K  L  M  N  O  P  Q  R  S  T  U  V  W  X  Y  Z  [  \
]  ^  _  `  a  b  c  d  e  f  g  h  i  j  k  l  m  n  o  p
q  r  s  t  u  v  w  .x  y  z  {  |  }  ~     !  "  #  $  %
&  '  (  )  *  +  ,  -  .  /  0  1  2  3  4  5  6  7  8  9
:  ;  <  =  >  ?  @  A  B  C  D  E  F  G  H  I  J  K  L  M
N  O  P  Q  R  S  T  U  V  W  X  Y  Z  [  \  ]  ^  _  `  a
b  c  d  e  f  g  h  i  j  k  l  m  n  o  p  q  r  s  t  u
v  w  x  y  z  {  |  }  ~     !  "  #  $  %  &  '  (  )  *
+  ,  -  .  /  0  1  2  3  4  5  6  7  8  9  :  ;  <  =  >
```

```
?  @  A  B  C  D  E  F  G  H  I  J  K  L  M  N  O  P  Q  R
S  T  U  V  W  X  Y  Z  [  \  ]  ^  _  `  a  b  c  d  e  f
g  h  i  j  k  l  m  n  o  p  q  r  s  t  u  v  w  x  y  z
{  |  }  ~     !  "  #  $  %  &  '  (  )  *  +  ,  -  .  /
0  1  2  3  4  5  6  7  8  9  :  ;  <  =  >  ?  @  A  B  C
D  E  F  G  H  I  J  K  L  M  N  O  P  Q  R  S  T  U  V  W
X  Y  Z  [  \  ]  ^  _  `  a  b  c  d  e  f  g  h  i  j  k
l  m  n  o  p  q  r  s  t  u  v  w  x  y  z  {  |  }  ~
!  "  #  $  %  &  '  (  )  *  +  ,  -  .  /  0  1  2  3  4
5  6  7  8  9  :  ;  <  =  >  ?  @  A  B  C  D  E  F  G  H
I  J  K  L  M  N  O  P  Q  R  S  T  U  V  W  X  Y  Z  [  \
]  ^  _  `  a  b  c  d  e  f  g  h  i  j  k  l  m  n  o  p
q  r  s  t  u  v  w  x  y  z  {  |  }  ~     !  "  #  $  %
&  '  (  )  *  +  ,  -  .  /  0  1  2  3  4  5  6  7  8  9
:  ;  <  =  >  ?  @  A  B  C  D  E  F  G  H  I  J  K  L  M
N  O  P  Q  R  S  T  U  V  W  X  Y  Z  [  \  ]  ^  _  `  a
b  c  d  e  f  g  h  i  j  k  l  m  n  o  p  q  r  s  t  u
v  w  x  y  z  {  |  }  ~     !  "  #  $  %  &  '  (  )  *
+  ,  -  .  /  0  1  2  3  4  5  6  7  8  9  :  ;  <  =  >
?  @  A  B  C  D  E  F  G  H  I  J  K  L  M  N  O  P  Q  R
S  T  U  V  W  X  Y  Z  [  \  ]  ^  _  `  a  b  c  d  e  f
g  h  i  j  k  l  m  n  o  p  q  r  s  t  u  v  w  x  y  z
{  |  }  ~     !  "  #  $  %  &  '  (  )  *  +  ,  -  .  /
0  1  2  3  4  5  6  7  8  9  :  ;  <  =  >  ?  @  A  B  C
D  E  F  G  H  I  J  K  L  M  N  O  P  Q  R  S  T  U  V  W
X  Y  Z  [  \  ]  ^  _  `  a  b  c  d  e  f  g  h  i  j  k
l  m  n  o  p  q  r  s  t  u  v  w  x  y  z  {  |  }  ~
!  "  #  $  %  &  '  (  )  *  +  ,  -  .  /  0  1  2  3  4
5  6  7  8  9  :  ;  <  =  >  ?  @  A  B  C  D  E  F  G  H
I  J  K  L  M  N  O  P  Q  R  S  T  U  V  W  X  Y  Z  [  \
]  ^  _  `  a  b  c  d  e  f  g  h  i  j  k  l  m  n  o  p
q  r  s  t  u  v  w  x  y  z  {  |  }  ~     !  "  #  $  %
&  '  (  )  *  +  ,  -  .  /  0  1  2  3  4  5  6  7  8  9
:  ;  <  =  >  ?  @  A  B  C  D  E  F  G  H  I  J  K  L  M
N  O  P  Q  R  S  T  U  V  W  X  Y  Z  [  \  ]  ^  _  `  a
b  c  d  e  f  g  h  i  j  k  l  m  n  o  p  q  r  s  t  u
v  w  x  y  z  {  |  }  ~     !  "  #  $  %  &  '  (  )  *
+  ,  -  .  /  0  1  2  3  4  5  6  7  8  9  :  ;  <  =  >
```

```
?  @  A  B  C  D  E  F  G  H  I  J  K  L  M  N  O  P  Q  R
S  T  U  V  W  X  Y  Z  [  \  ]  ^  _  `  a  b  c  d  e  f
g  h  i  j  k  l  m  n  o  p  q  r  s  t  u  v  w  x  y  z
{  |  }  ~  !  "  #  $  %  &  '  (  )  *  +  ,  -  .  /
0  1  2  3  4  5  6  7  8  9  :  ;  <  =  >  ?  @  A  B  C
D  E  F  G  H  I  J  K  L  M  N  O  P  Q  R  S  T  U  V  W
X  Y  Z  [  \  ]  ^  _  `  a  b  c  d  e  f  g  h  i  j  k
l  m  n  o  p  q  r  s  t  u  v  w  x  y  z  {  |  }  ~
!  "  #  $  %  &  '  (  )  *  +  ,  -  .  /  0  1  2  3  4
5  6  7  8  9  :  ;  <  =  >  ?  @  A  B  C  D  E  F  G  H
I  J  K  L  M  N  O  P  Q  R  S  T  U  V  W  X  Y  Z  [  \
]  ^  _  `  a  b  c  d  e  f  g  h  i  j  k  l  m  n  o  p
q  r  s  t  u  v  w  x  y  z  {  |  }  ~  !  "  #  $  %
&  '  (  )  *  +  ,  -  .  /  0  1  2  3  4  5  6  7  8  9
:  ;  <  =  >  ?  @  A  B  C  D  E  F  G  H  I  J  K  L  M
N  O  P  Q  R  S  T  U  V  W  X  Y  Z  [  \  ]  ^  _  `  a
b  c  d  e  f  g  h  i  j  k  l  m  n  o  p  q  r  s  t  u
v  w  x  y  z  {  |  }  ~  !  "  #  $  %  &  '  (  )  *
+  ,  -  .  /  0  1  2  3  4  5  6  7  8  9  :  ;  <  =  >
?  @  A  B  C  D  E  F  G  H  I  J  K  L  M  N  O  P  Q  R
S  T  U  V  W  X  Y  Z  [  \  ]  ^  _  `  a  b  c  d  e  f
g  h  i  j  k  l  m  n  o  p  q  r  s  t  u  v  w  x  y  z
{  |  }  ~  !  "  #  $  %  &  '  (  )  *  +  ,  -  .  /
0  1  2  3  4  5  6  7  8  9  :  ;  <  =  >  ?  @  A  B  C
D  E  F  G  H  I  J  K  L  M  N  O  P  Q  R  S  T  U  V  W
X  Y  Z  [  \  ]  ^  _  `  a  b  c  d  e  f  g  h  i  j  k
l  m  n  o  p  q  r  s  t  u  v  w  x  y  z  {  |  }  ~
!  "  #  $  %  &  '  (  )  *  +  ,  -  .  /  0  1  2  3  4
5  6  7  8  9  :  ;  <  =  >  ?  @  A  B  C  D  E  F  G  H
I  J  K  L  M  N  O  P  Q  R  S  T  U  V  W  X  Y  Z  [  \
]  ^  _  `  a  b  c  d  e  f  g  h  i  j  k  l  m  n  o  p
q  r  s  t  u  v  w  x  y  z  {  |  }  ~  !  "  #  $  %
&  '  (  )  *  +  ,  -  .  /  0  1  2  3  4  5  6  7  8  9
:  ;  <  =  >  ?  @  A  B  C  D  E  F  G  H  I  J  K  L  M
N  O  P  Q  R  S  T  U  V  W  X  Y  Z  [  \  ]  ^  _  `  a
b  c  d  e  f  g  h  i  j  k  l  m  n  o  p  q  r  s  t  u
v  w  x  y  z  {  |  }  ~  !  "  #  $  %  &  '  (  )  *
+  ,  -  .  /  0  1  2  3  4  5  6  7  8  9  :  ;  <  =  >
```

```
?  @  A  B  C  D  E  F  G  H  I  J  K  L  M  N  O  P  Q  R
S  T  U  V  W  X  Y  Z  [  \  ]  ^  _  `  a  b  c  d  e  f
g  h  i  j  k  l  m  n  o  p  q  r  s  t  u  v  w  x  y  z
{  |  }  ~     !  "  #  $  %  &  '  (  )  *  +  ,  -  .  /
0  1  2  3  4  5  6  7  8  9  :  ;  <  =  >  ?  @  A  B  C
D  E  F  G  H  I  J  K  L  M  N  O  P  Q  R  S  T  U  V  W
X  Y  Z  [  \  ]  ^  _  `  a  b  c  d  e  f  g  h  i  j  k
l  m  n  o  p  q  r  s  t  u  v  w  x  y  z  {  |  }  ~
!  "  #  $  %  &  '  (  )  *  +  ,  -  .  /  0  1  2  3  4
5  6  7  8  9  :  ;  <  =  >  ?  @  A  B  C  D  E  F  G  H
I  J  K  L  M  N  O  P  Q  R  S  T  U  V  W  X  Y  Z  [  \
]  ^  _  `  a  b  c  d  e  f  g  h  i  j  k  l  m  n  o  p
q  r  s  t  u  v  w  x  y  z  {  |  }  ~     !  "  #  $  %
&  '  (  )  *  +  ,  -  .  /  0  1  2  3  4  5  6  7  8  9
:  ;  <  =  >  ?  @  A  B  C  D  E  F  G  H  I  J  K  L  M
N  O  P  Q  R  S  T  U  V  W  X  Y  Z  [  \  ]  ^  _  `  a
b  c  d  e  f  g  h  i  j  k  l  m  n  o  p  q  r  s  t  u
v  w  x  y  z  {  |  }  ~     !  "  #  $  %  &  '  (  )  *
+  ,  -  .  /  0  1  2  3  4  5  6  7  8  9  :  ;  <  =  >
?  @  A  B  C  D  E  F  G  H  I  J  K  L  M  N  O  P  Q  R
S  T  U  V  W  X  Y  Z  [  \  ]  ^  _  `  a  b  c  d  e  f
g  h  i  j  k  l  m  n  o  p  q  r  s  t  u  v  w  x  y  z
{  |  }  ~     !  "  #  $  %  &  '  (  )  *  +  ,  -  .  /
0  1  2  3  4  5  6  7  8  9  :  ;  <  =  >  ?  @  A  B  C
D  E  F  G  H  I  J  K  L  M  N  O  P  Q  R  S  T  U  V  W
X  Y  Z  [  \  ]  ^  _  `  a  b  c  d  e  f  g  h  i  j  k
l  m  n  o  p  q  r  s  t  u  v  w  x  y  z  {  |  }  ~
!  "  #  $  %  &  '  (  )  *  +  ,  -  .  /  0  1  2  3  4
5  6  7  8  9  :  ;  <  =  >  ?  @  A  B  C  D  E  F  G  H
I  J  K  L  M  N  O  P  Q  R  S  T  U  V  W  X  Y  Z  [  \
]  ^  _  `  a  b  c  d  e  f  g  h  i  j  k  l  m  n  o  p
q  r  s  t  u  v  w  x  y  z  {  |  }  ~     !  "  #  $  %
&  '  (  )  *  +  ,  -  .  /  0  1  2  3  4  5  6  7  8  9
:  ;  <  =  >  ?  @  A  B  C  D  E  F  G  H  I  J  K  L  M
N  O  P  Q  R  S  T  U  V  W  X  Y  Z  [  \  ]  ^  _  `  a
b  c  d  e  f  g  h  i  j  k  l  m  n  o  p  q  r  s  t  u
v  w  x  y  z  {  |  }  ~     !  "  #  $  %  &  '  (  )  *
+  ,  -  .  /  0  1  2  3  4  5  6  7  8  9  :  ;  <  =  >
```

```
? @ A B C D E F G H I J K L M N O P Q R
S T U V W X Y Z [ \ ] ^ _ ` a b c d e f
g h i j k l m n o p q r s t u v w x y z
{ | } ~   ! " # $ % & ' ( ) * + , - . /
0 1 2 3 4 5 6 7 8 9 : ; < = > ? @ A B C
D E F G H I J K L M N O P Q R S T U V W
X Y Z [ \ ] ^ _ ` a b c d e f g h i j k
l m n o p q r s t u v w x y z { | } ~
! " # $ % & ' ( ) * + , - . / 0 1 2 3 4
5 6 7 8 9 : ; < = > ? @ A B C D E F G H
I J K L M N O P Q R S T U V W X Y Z [ \
] ^ _ ` a b c d e f g h i j k l m n o p
q r s t u v w x y z { | } ~   ! " # $ %
& ' ( ) * + , - . / 0 1 2 3 4 5 6 7 8 9
: ; < = > ? @ A B C D E F G H I J K L M
N O P Q R S T U V W X Y Z [ \ ] ^ _ ` a
b c d e f g h i j k l m n o p q r s t u
v w x y z { | } ~   ! " # $ % & ' ( ) *
+ , - . / 0 1 2 3 4 5 6 7 8 9 : ; < = >
? @ A B C D E F G H I J K L M N O P Q R
S T U V W X Y Z [ \ ] ^ _ ` a b c d e f
g h i j k l m n o p q r s t u v w x y z
{ | } ~   ! " # $ % & ' ( ) * + , - . /
0 1 2 3 4 5 6 7 8 9 : ; < = > ? @ A B C
D E F G H I J K L M N O P Q R S T U V W
X Y Z [ \ ] ^ _ ` a b c d e f g h i j k
l m n o p q r s t u v w x y z { | } ~
! " # $ % & ' ( ) * + , - . / 0 1 2 3 4
5 6 7 8 9 : ; < = > ? @ A B C D E F G H
I J K L M N O P Q R S T U V W X Y Z [ \
] ^ _ ` a b c d e f g h i j k l m n o p
q r s t u v w x y z { | } ~   ! " # $ %
& ' ( ) * + , - . / 0 1 2 3 4 5 6 7 8 9
: ; < = > ? @ A B C D E F G H I J K L M
N O P Q R S T U V W X Y Z [ \ ] ^ _ ` a
b c d e f g h i j k l m n o p q r s t u
v w x y z { | } ~   ! " # $ % & ' ( ) *
+ , - . / 0 1 2 3 4 5 6 7 8 9 : ; < = >
```

```
?  @  A  B  C  D  E  F  G  H  I  J  K  L  M  N  O  P  Q  R
S  T  U  V  W  X  Y  Z  [  \  ]  ^  _  `  a  b  c  d  e  f
g  h  i  j  k  l  m  n  o  p  q  r  s  t  u  v  w  x  y  z
{  |  }  ~     !  "  #  $  %  &  '  (  )  *  +  ,  -  .  /
0  1  2  3  4  5  6  7  8  9  :  ;  <  =  >  ?  @  A  B  C
D  E  F  G  H  I  J  K  L  M  N  O  P  Q  R  S  T  U  V  W
X  Y  Z  [  \  ]  ^  _  `  a  b  c  d  e  f  g  h  i  j  k
l  m  n  o  p  q  r  s  t  u  v  w  x  y  z  {  |  }  ~
!  "  #  $  %  &  '  (  )  *  +  ,  -  .  /  0  1  2  3  4
5  6  7  8  9  :  ;  <  =  >  ?  @  A  B  C  D  E  F  G  H
I  J  K  L  M  N  O  P  Q  R  S  T  U  V  W  X  Y  Z  [  \
]  ^  _  `  a  b  c  d  e  f  g  h  i  j  k  l  m  n  o  p
q  r  s  t  u  v  w  x  y  z  {  |  }  ~     !  "  #  $  %
&  '  (  )  *  +  ,  -  .  /  0  1  2  3  4  5  6  7  8  9
:  ;  <  =  >  ?  @  A  B  C  D  E  F  G  H  I  J  K  L  M
N  O  P  Q  R  S  T  U  V  W  X  Y  Z  [  \  ]  ^  _  `  a
b  c  d  e  f  g  h  i  j  k  l  m  n  o  p  q  r  s  t  u
v  w  x  y  z  {  |  }  ~     !  "  #  $  %  &  '  (  )  *
+  ,  -  .  /  0  1  2  3  4  5  6  7  8  9  :  ;  <  =  >
?  @  A  B  C  D  E  F  G  H  I  J  K  L  M  N  O  P  Q  R
S  T  U  V  W  X  Y  Z  [  \  ]  ^  _  `  a  b  c  d  e  f
g  h  i  j  k  l  m  n  o  p  q  r  s  t  u  v  w  x  y  z
{  |  }  ~     !  "  #  $  %  &  '  (  )  *  +  ,  -  .  /
0  1  2  3  4  5  6  7  8  9  :  ;  <  =  >  ?  @  A  B  C
D  E  F  G  H  I  J  K  L  M  N  O  P  Q  R  S  T  U  V  W
X  Y  Z  [  \  ]  ^  _  `  a  b  c  d  e  f  g  h  i  j  k
l  m  n  o  p  q  r  s  t  u  v  w  x  y  z  {  |  }  ~
!  "  #  $  %  &  '  (  )  *  +  ,  -  .  /  0  1  2  3  4
5  6  7  8  9  :  ;  <  =  >  ?  @  A  B  C  D  E  F  G  H
I  J  K  L  M  N  O  P  Q  R  S  T  U  V  W  X  Y  Z  [  \
]  ^  _  `  a  b  c  d  e  f  g  h  i  j  k  l  m  n  o  p
q  r  s  t  u  v  w  x  y  z  {  |  }  ~     !  "  #  $  %
&  '  (  )  *  +  ,  -  .  /  0  1  2  3  4  5  6  7  8  9
:  ;  <  =  >  ?  @  A  B  C  D  E  F  G  H  I  J  K  L  M
N  O  P  Q  R  S  T  U  V  W  X  Y  Z  [  \  ]  ^  _  `  a
b  c  d  e  f  g  h  i  j  k  l  m  n  o  p  q  r  s  t  u
v  w  x  y  z  {  |  }  ~     !  "  #  $  %  &  '  (  )  *
+  ,  -  .  /  0  1  2  3  4  5  6  7  8  9  :  ;  <  =  >
```

```
?  @  A  B  C  D  E  F  G  H  I  J  K  L  M  N  O  P  Q  R
S  T  U  V  W  X  Y  Z  [  \  ]  ^  _  `  a  b  c  d  e  f
g  h  i  j  k  l  m  n  o  p  q  r  s  t  u  v  w  x  y  z
{  |  }  ~     !  "  #  $  %  &  '  (  )  *  +  ,  -  .  /
0  1  2  3  4  5  6  7  8  9  :  ;  <  =  >  ?  @  A  B  C
D  E  F  G  H  I  J  K  L  M  N  O  P  Q  R  S  T  U  V  W
X  Y  Z  [  \  ]  ^  _  `  a  b  c  d  e  f  g  h  i  j  k
l  m  n  o  p  q  r  s  t  u  v  w  x  y  z  {  |  }  ~
!  "  #  $  %  &  '  (  )  *  +  ,  -  .  /  0  1  2  3  4
5  6  7  8  9  :  ;  <  =  >  ?  @  A  B  C  D  E  F  G  H
I  J  K  L  M  N  O  P  Q  R  S  T  U  V  W  X  Y  Z  [  \
]  ^  _  `  a  b  c  d  e  f  g  h  i  j  k  l  m  n  o  p
q  r  s  t  u  v  w  x  y  z  {  |  }  ~     !  "  #  $  %
&  '  (  )  *  +  ,  -  .  /  0  1  2  3  4  5  6  7  8  9
:  ;  <  =  >  ?  @  A  B  C  D  E  F  G  H  I  J  K  L  M
N  O  P  Q  R  S  T  U  V  W  X  Y  Z  [  \  ]  ^  _  `  a
b  c  d  e  f  g  h  i  j  k  l  m  n  o  p  q  r  s  t  u
v  w  x  y  z  {  |  }  ~     !  "  #  $  %  &  '  (  )  *
+  ,  -  .  /  0  1  2  3  4  5  6  7  8  9  :  ;  <  =  >
?  @  A  B  C  D  E  F  G  H  I  J  K  L  M  N  O  P  Q  R
S  T  U  V  W  X  Y  Z  [  \  ]  ^  _  `  a  b  c  d  e  f
g  h  i  j  k  l  m  n  o  p  q  r  s  t  u  v  w  x  y  z
{  |  }  ~     !  "  #  $  %  &  '  (  )  *  +  ,  -  .  /
0  1  2  3  4  5  6  7  8  9  :  ;  <  =  >  ?  @  A  B  C
D  E  F  G  H  I  J  K  L  M  N  O  P  Q  R  S  T  U  V  W
X  Y  Z  [  \  ]  ^  _  `  a  b  c  d  e  f  g  h  i  j  k
l  m  n  o  p  q  r  s  t  u  v  w  x  y  z  {  |  }  ~
!  "  #  $  %  &  '  (  )  *  +  ,  -  .  /  0  1  2  3  4
5  6  7  8  9  :  ;  <  =  >  ?  @  A  B  C  D  E  F  G  H
I  J  K  L  M  N  O  P  Q  R  S  T  U  V  W  X  Y  Z  [  \
]  ^  _  `  a  b  c  d  e  f  g  h  i  j  k  l  m  n  o  p
q  r  s  t  u  v  w  x  y  z  {  |  }  ~     !  "  #  $  %
&  '  (  )  *  +  ,  -  .  /  0  1  2  3  4  5  6  7  8  9
:  ;  <  =  >  ?  @  A  B  C  D  E  F  G  H  I  J  K  L  M
N  O  P  Q  R  S  T  U  V  W  X  Y  Z  [  \  ]  ^  _  `  a
b  c  d  e  f  g  h  i  j  k  l  m  n  o  p  q  r  s  t  u
v  w  x  y  z  {  |  }  ~     !  "  #  $  %  &  '  (  )  *
+  ,  -  .  /  0  1  2  3  4  5  6  7  8  9  :  ;  <  =  >
```

```
?  @  A  B  C  D  E  F  G  H  I  J  K  L  M  N  O  P  Q  R
S  T  U  V  W  X  Y  Z  [  \  ]  ^  _  `  a  b  c  d  e  f
g  h  i  j  k  l  m  n  o  p  q  r  s  t  u  v  w  x  y  z
{  |  }  ~     !  "  #  $  %  &  '  (  )  *  +  ,  -  .  /
0  1  2  3  4  5  6  7  8  9  :  ;  <  =  >  ?  @  A  B  C
D  E  F  G  H  I  J  K  L  M  N  O  P  Q  R  S  T  U  V  W
X  Y  Z  [  \  ]  ^  _  `  a  b  c  d  e  f  g  h  i  j  k
l  m  n  o  p  q  r  s  t  u  v  w  x  y  z  {  |  }  ~
!  "  #  $  %  &  '  (  )  *  +  ,  -  .  /  0  1  2  3  4
5  6  7  8  9  :  ;  <  =  >  ?  @  A  B  C  D  E  F  G  H
I  J  K  L  M  N  O  P  Q  R  S  T  U  V  W  X  Y  Z  [  \
]  ^  _  `  a  b  c  d  e  f  g  h  i  j  k  l  m  n  o  p
q  r  s  t  u  v  w  x  y  z  {  |  }  ~     !  "  #  $  %
&  '  (  )  *  +  ,  -  .  /  0  1  2  3  4  5  6  7  8  9
:  ;  <  =  >  ?  @  A  B  C  D  E  F  G  H  I  J  K  L  M
N  O  P  Q  R  S  T  U  V  W  X  Y  Z  [  \  ]  ^  _  `  a
b  c  d  e  f  g  h  i  j  k  l  m  n  o  p  q  r  s  t  u
v  w  x  y  z  {  |  }  ~     !  "  #  $  %  &  '  (  )  *
+  ,  -  .  /  0  1  2  3  4  5  6  7  8  9  :  ;  <  =  >
?  @  A  B  C  D  E  F  G  H  I  J  K  L  M  N  O  P  Q  R
S  T  U  V  W  X  Y  Z  [  \  ]  ^  _  `  a  b  c  d  e  f
g  h  i  j  k  l  m  n  o  p  q  r  s  t  u  v  w  x  y  z
{  |  }  ~     !  "  #  $  %  &  '  (  )  *  +  ,  -  .  /
0  1  2  3  4  5  6  7  8  9  :  ;  <  =  >  ?  @  A  B  C
D  E  F  G  H  I  J  K  L  M  N  O  P  Q  R  S  T  U  V  W
X  Y  Z  [  \  ]  ^  _  `  a  b  c  d  e  f  g  h  i  j  k
l  m  n  o  p  q  r  s  t  u  v  w  x  y  z  {  |  }  ~
!  "  #  $  %  &  '  (  )  *  +  ,  -  .  /  0  1  2  3  4
5  6  7  8  9  :  ;  <  =  >  ?  @  A  B  C  D  E  F  G  H
I  J  K  L  M  N  O  P  Q  R  S  T  U  V  W  X  Y  Z  [  \
]  ^  _  `  a  b  c  d  e  f  g  h  i  j  k  l  m  n  o  p
q  r  s  t  u  v  w  x  y  z  {  |  }  ~     !  "  #  $  %
&  '  (  )  *  +  ,  -  .  /  0  1  2  3  4  5  6  7  8  9
:  ;  <  =  >  ?  @  A  B  C  D  E  F  G  H  I  J  K  L  M
N  O  P  Q  R  S  T  U  V  W  X  Y  Z  [  \  ]  ^  _  `  a
b  c  d  e  f  g  h  i  j  k  l  m  n  o  p  q  r  s  t  u
v  w  x  y  z  {  |  }  ~     !  "  #  $  %  &  '  (  )  *
+  ,  -  .  /  0  1  2  3  4  5  6  7  8  9  :  ;  <  .  .  .
```

LETTERFORMED TERRAIN

```perl
#!/usr/bin/perl

{print$",$_=(a..z)[rand$=];redo}
```

LETTERFORMED TERRAIN

```
    r   nk    c  q      had     si w     r u r     jne
  gf    j   lu   zrcwt   qn   i   k  c v qhaa n
     qea   mrnvk      mak      gkwz  c   t
       hn    wwzphij    u       qzm   l
  cm chimt m  ryhd   l ai k  a    zcjr s
  pmszgbp r    b      o     b   agr   ht   o
      sh h   i   xeylq   izma    tz    rl
    t   avc    uujl bq ny    ksz a
          gl   g      wk  q    nhsix    u
    ylr gxf    ksj ij   ulz    k   q         q
   gzy lgozgb    mj    x gy gjcpgwhfc
  muoa  uni   z    pj xod oae    n jf  g
   nn z    lpwjxvub    wmb    t y    n    f
    pa    d   cyx   h    tk shb   tn y hk y
    dgn q    i    c    h z  x    rd    by
     q   rbr  jl   gz   v   heb     k  d
       a  ca   trbug   c  nobgtzv  z  z e   m
  c   o   msqf   d  hyiuqvjx    cpzp    f j
     w   txjb    ymv    igwoqhp    i   gx vg
  o   o   z j    ywf   b    beajp   y jv ec
  l z   ippn     q  t   cy g   ltzescsjev  x
  uwyn   l   hcq   s   qjnjdbb  bwe    kjc
  qw    qlk    kov  g     jovfsh    gi
  a  a     qukq g          m       sc vtw
      ma    bt    jjsryjj dah  p aa     gh
    oeoapzsu    uiq   psz         d en
  ceylqrs     soxzm       y d   wtow   j
  ou jmrtjrcf   kx   e jxv  v bl  s
        lf pzmgs   z  nl       qf   wotx
  nqgc   sau      mw     b        s    woog
```

79

```
m    i    w    m t r h o t      a m   w i m i j   y a
c  l f e  b w   p u f m z    g        i s q m e o  d u
r    b z a s  a v     g    h  x x  j   v i      d w n
u v  f n   v d     q   b    s  n f x p  i      s   v
    o j v g b m    f h m v    f t h w  b e     a b o s e
n u   a v    f q z   c l   w u  j l   x    d y       l
   i   t  x  w   q   n m w  q z a v z   i l   j g   z s t
e d q  p w h r   z   t     n q  y   r k c  w d    e a k
   s c   v y  d      f    w f t   p o i q h q     w u
     b   j     p x s b   q d d    d g y  e    n g       m w
       i y m  z t l   l   m    l x o e  a l    o b m m   b
h s e   m e       b n u   e i d x  o w    h l i j h   d m
f c    r   h    m n    c n p d  h    e a y c f r    q e g
u h p   v m    d l j   r g f           j m h   l b     n
   b h d v f  i q  o     a  d u     h     j    s p m s
f  g v   i    q x k b  n w w o p  v d   x a     p  d u
h   m c l    w h s  v j j   i t q n c i v z   x    w k l n
p   n j l j a u d m    l c s    n    f d  s r x    j u
   a o   w d z t l     x    f h e w  t    u b e   d r z
      c t s g   z f n   l f  j c  x x d s  j d   i    k   j
i  y  a o r k   p o    c r c  d v p        r b w  e
        r    q   m l j o g       s g  x      w p    f g u
 c  o       a x i h d   l a      o g x a  a e n      o  r
z d b r d    a e  e u h    w z h  a i r e    s      o j
e h a r    s g   o l       i  l k m x d    a n      w
        c o    j  e e   i     q v    p    z x  b w s z c c
d   i v q g r c   n g  a  q o u    d   g v n h z      n
p  u y   a j j s y i d    s x e  x r    d k       q k c
   k     z   y    q    y s b g  a v    v l x t x   x p j i
g   a n   n       q e s g m b  b g   n e      v d
e x   p j r    g     f   v c m l c    e a      p u
s k y  g b d a p x   a   g k g h  y u p   z i     h b e
a w p p   x    w t u n  c i   q m n  n v r     q i a o y
   b a    d z l   y d y t  y k    w q    v l  p z q m
   n l  e q  t l r h  g u s s    g    n u t      l
         p y w   t j w   t m   p s      l    s o   v h m
       h z p s    s d u  r    a t q r y      f  c a a m
x w n x r     w c     r p b d y c    r   d n    y    i
```

```
    r    i    z e d      v    w    h    c a i y    w h    b s p o o
         c l       y u b    l    u    f w d q       e p m i      r m
    g s l v        i    l    i q    m h g    y      p    j r    p q j
    q    j    o b c u y t        i q z    c    x k w x i a       q
    m i a    q h    n c    k    n g    g f r      m g l h u x       c
    y    n x u q f c       y    p u q l y g       j i    c    e
    f u n f       a    c l       q z u z t    u    y d h n
    j p    w n h g    s o r t b e s c       j k   p w   d v       k
    y d o    v o s    b u m z    y    d    h       l    n    u    e
         q q    m    d       s b z e c    d x       m e g       v q c
              u q    n x m b f n    y s l    l j s l       b       x
    n x d m    e q g    c g       z v v    c    o    v c            p t
    a n o    c f z       s    x g    s p a          o v       c k    d
    o m z    e v       k       j k z    s    x r       f    d z m
    d n    p s s q    a w b l f    v f       m       k f o    w
              d    h d e v       m    w q    j    p i d l f q    v g f       e
    e    c o    i z    f i u m    k    j m p       h       f z t    a
    u l    n l    k    m a y w       f g    d o    f    h    r
              l i f g       i    a a h    m q o       r i    t       z
    o m    p n p d    s r z d       n o h    t q w i       u c g c x g
    j    x i    j t    s z i c h    g z       e q t l       q    y
    h    e    i    t f f    s c z    f    x    c r k w j    f       n
    n l    n       u    b       b    j    x a    y    n
         m       h       v g b g    d i       m e       n h s       o
    k    r q    u o v l       z    w n       i    o       w y w v       c
    n       k k    o o    t       b    j k d       r z i          y s       s
    k    t d    p k g    f       l    e e w z       y a s o       j k
    o       d o u          d e    x f w    i i          e       g
    i    i       q z v    s    z b n       g    k h w    g k b       v k o
    s n g q v w    o    o l    y s       h    n c x    j k    l    u b
    w e t r b p    u f       k e p       n f y    s k       p e    x
    p t r r    i i    i    i d y r q    e    x f    i    j t g       w z
         m    q s c    t s       m r q       h       t h          r s
              p l    d y    x    v f c w       u j i g m       z    q k p
              u k c    v    n       w n x u l       a    a q       s s w    a
    c       z    x t t    a d d       k y k    b u g    p r       f g c
    z    b z       a f v       f r    g r       e       a g       l
              m    g    u l       d m v       v p          t    s g m       s
```

```
w l b    x d    n    y    x       p v n    t y    y    m    k e    r    z
m    u    j k q s w f s    r    l l       r o    t d    k d n
   f    m    o c w c    g    v c t    o v    x s w             e j t
c    et    i       k b e p    t    t w             b a f    z k s
      o r u    p    b n    k    j o a    f g p s       l o p h
y          j    z    z s k       a e    f b t o       j j    f c
   e a       g g    y       i a    g    b i j    t    a t       w i a
p k    s n    r r o    i n q       z f f z m x k       g n m    x
i    m    c r    s f       s z    v b    s    b v    f    u y       s d
   n    w    s j    j    m y n    m       d l    v p v q    i a       t
a l u a    a h       h    c t q s    u       c    f q    m i    j    t x b
r a s d w    r       f    l       b x l z q z       r i t u       p t d
e g a l    f o y v    o x    m k    v w v    o       v k x    s    o f
g y g    s c m v    k    x u    c    f p l q    n    y e c       b b
j o    b       h    n u    x k v l    m    b z e    c             v
t y r u       n w b    r    s    i       u       k    p          r
h    c w q o    l w k    z e    l y       z p n    x    b c j    h
      d u       r o    r o    k t y       w d    w z e    c f       e
   r v    e l    a    w p q t p a    g n    p u m    v          q
e    j    x    c o    n x y    y    m    k    x       a o y    r    m
r l    n    e n w e h    a n g    e h    q    s z    p c m
m    o t o d    v t b             p    r h    d    x       z
r       a    r h    a z b k    d b             s f t    f    i    m
      b m    j q s    f u       g r    l       c f    t    m x    y
      l p h       n f w i g    l    c    j l n l    z p    u d n
         z h y h d    g    m    r m    y    w       a l    f i    q o r
u g    a i w       c    y i       e    i l q       j t    n h d    n
   y    t x a    u k    a y g    s    i l       s       q t
f    x    o    c o w    g       b       c z k g r    i f r b    s    f
e g g    d f g h    v       p    l w    o    b f       c s
x f d c b       e a b    p d x o    r i    w    v h t q i i    g
l    l p q d i    l r r       e x v    o h    k    v i e    v w l h
v    t p    d o m    l z t u m m m       p q z    y s       f n
s q    w    a j    f u p    z    g m       n i d g    q       k f    f
r    c    o v k y b    y    x o    p h z    g l    o m q
g d t       t f m    r o    c x k    g t x    a d f       z m r x
f u n s       b v p k    j    o       d d    n d m a y    l t w
m    v g       f d p q    s    d a c       u    m n    y u
```

```
            a      m    y c    c    x r x j  m  w e f w   s   m m p
q    m s         w h e   n   d i i   j j d i c  l e    x j  h
s q k v  f.    b     u p g   b x         v   n j l x  l  d
   o  i m y   y a w    c g o  h    b        a    q x    d
a s    c a a o b a y d          i   k h   u a b      c
u    d t p   y f k q    i v i w    j l n x  c c         e
  e c h h k   e j    u s o    u      x  c u k   n c  h y
       q o    b    o h m c    k       t    q c a      w  n m e
p z  y       v h j q       l s u p q   c m     l x  d       i a
b   a x t       d l u i    a v w  i    j p    c s m   h c   p c
h   i a s    s    r    x o   c  l o k b   y        z c e   b
u d  x      o m a o   l e s    o x v m     k  v e b
h    e v h t '      b   x u t e   i a v j  z g     w
         a   s    u q         q   o c    q     g f j u   h j
    s z r    n   x    s m g c r         h             m
y c  q   q   g  l  f h      m y s k  d y e  a     v   m
    b        t    i   j y    s y l    u s a u n y    x  v  m c w
v  b d    j  f    r      y f     b s        b y  n          d
u u  f r    m y    x t q c    z w     z f       y z    r   m
q    b    i      n     d    e   e f w  y g     a  s y     l m z h
   t h    m r v      s    m x v q   z  o f   z    u c x  z       w
m        q m y  q s h     x h    w  s h v       u e u m p   o
       p t    l e q b  x   g   y      w  p j f   j    i    a i w j
x    k    j s x  a k   y     i w         c w      w  a s p b g   x
j z  k    h m       s s      i b y n t a          x   x   j k  w y
    g     g x e    o e    q v z u    p    v o w   l i w c y g
   g    n  k j t d e    a    i  c   g    t x m x    r k    z
     w r          i y  f   j r w      c x e g         g j r    g
l    x u d e     e m   e t d p e     h w w   l v   l   h
  w   s o    y g  s    v q m   x  r       q   g        s
    u l o g d  x      t n    g g b    u g h b    n i l a    n
    f    i     i r   b       c q   q b      r g   r p a q   a
e    b    a    q w z     k d    s z m        k c   i e j w s       r
u t f     v z   t y h         x   i   x a p    s     e   i h
j   x j b     t t    s      i       w   s g n    w f n y     x a b
g f b    n     q g u    a g q a f   p o         o x       d z h
a   x         i g     b k m d         m n w      z a
         a   j e r        p h      p     c   w   n m h        k
```

```
    t s    j    t k            k  o s m s s g   n c   y w    d    b h
  z s u    p e    i d e    n e m    p o    v o    y m    l m
  v v    z u   z t m e r   x    v u p a k   o g      z    y
       v  e g    y o   t    q h a     k v     u d q e g           f
    s q z r a g d   h v r v   f u d      j m c   q y    y    y h
          n b s   g       j k f     r v     g y    g           o y z k s
  l x    o k c   j   p w    r r o k    y c z    u j   z                v
  b c    i    m m    t n    k   i a s    m       m v    p    p
         u v w   j q    n    v l     u        j   t z    y r f
         u   n t l p    g   b          m f l   m u    g r    e e
  e    z    n z d b     f o       z z u l   b q      k t s    v   y b
  o    g f o v    c l s   e r r    a e      l    r o m    i
  j    n       e    o z f f n c s c     t        l i d   t u
  w   d h h   k    p r      j a i w o       r a    j y x    m i g
  p    j u n z g    k p u    c x   u k    t y z    l f s
  h c    d w y   z      f  z z   p    n p    k   r q r v z   s y
     z    g f m d      p j g    u    w e n v a o h       t   g
  v    k    r    w l h m    b    r s z   o v   j d    b       k e x
  z    s w    q u t    o e    g e    h w          q    a v   f
  w m    f    h n r s       h     b     e z   j o       o      n b
  z z   y    w s       h r    i d k b   w o    j t s e a      x   g
      r   i a x   w v f i v     c    w x       f i r    g v        k v
  u    r       k e p k    m f        s z s p o h   p t    m      t
  w k    e a r b c    i      v p c   j r h    w    q l    z
  o b    o   j i      o r    y c     i   n f g b   m y    w        h
  t a   y e i m    x    v e v    f    i    b g m n    q k     i
  h  i           r u   j n s    d d y       a      z   q  j
  q z n   u d   z s o d   h s j t    v i g       r b   y b         x
     j    g h w u x    a k     j    b       x     r    x y p
  w j e d z y w   r d    u    d o u   e g    n k    i    n l x b r
  d     x z p   r    e s z d l         w    h     s    j    c
  s  s v m v    d q    g l   c   t o    t z w    b    e d
         v f j u v    q    v   l o    s u g q v    b       t   z
            t      z i    v g x    l w t     d l i u u r k    w       n
  s    l g i f        e q    s v g c f    v y        i a y    w e
  z   p m    r      o l f c j    o    k w    x         r i    y
  u j a   f f e p    z   h      q f i   q   p w    s x k
           n l s       f   r m g    e p         l q    l    s   a z
```

```
x u k j u v n g b w e i a d q x h p    q a      r t
  n p    e o         t a q r b g l       g e w m
        h  o  k  i  o k b a y k     s  r  i  c g r p
k i  h r z t l    f  w  a   g x  r o     h   d r l y u
        e    e         x f o    z t f i         t d    s q
x   w p v a t    f d h    i x   c t x  z  y p h  g a    l a
   s f t r r  m t m   v     n o s p c      t a a    r y
h s   c   d b  q   n y     p a u c c h  d h d   r q w
b n j       c    m    j q q i x    x n y  v    f m u
  j  n  k n h c s  l l    d k d    l   m w d   k     g m m
o w q o w   k z f    s e     x a    e s y  s    w     m n q
  r   f n s n m       j   m g   b l x m r f   g l a f
   m    u s l i y u h   m b        q p   a i y
             c     k   q v j p    f   h h x   o v p      a
f g m    y e   e z q    t       m k z    c    x  b
  c r  c j e h z   e s h b    e s q o    b k    n    m f
g    l   j w q  i j    q m   r x t      e    l    g    t u c
l    j w i   k      d e o g    s     k     w   o d n k
x    w h t a i    g r    z r x q    e n w   j u  i s o
y h    f z z x c r h   j z    l j     r j       i r d   l n
  x  k i    d    b        k x e f s k q  j     b l    o
      p    v c s f  k k h i    h     m p j   s         m  e
z y c    o     u       a h g    r q  d     e    a
l z u      s    a c q x t    y w r b  z    i       u  x   y
  o   v e t   z  i       k    g   t c x   o    o x g e o p
 a p    n i u u    r   h i l  y    f o     o q v    x l c j
c x o   c c    v v f     a p u d   j     z     m b s o k m n
x v    a w p   d    d f     l l s  e        m   y q    k      j
r v k    f s s    z c    u q    a x h o    a  i     q    o       t
    c    g    l a l z   n j    j s k       y    o z h
        h    p t    m   h q   x  u p q x   x v         d         g
   k m     m c    c    z l   a z    m n r j u    q p k y   h
r b u    q    r     r a          d    b d e b   r c   l c
q u    f     q    m w          k    r v t c     d h g z   t
c b   z x    z r s x r    y   y      x      b n    f    p h
     j    d   d k m   x d l a f  j      l j w d    t      o
    w d    d   k t    d         m    x m h m l e c   r
            v e   k   t z    s i   b u     c   l     j a h e . . .
```

PPG256

PPG256-1

#!/usr/bin/perl -l

sub b{@_=unpack"(A2)*",pop;$_[rand@_]}sub w{" ".b(cococacamama debapabohamolaburatamihopodito).b(estsnslldsckregspsstedbsneleng kemsattewsntarshnknd)}{$_="\n\nthe".w."\n";$_=w." ".b(attoonnoof).w if$l;s/[au][ae]/a/;print;$l=0if$l++>rand 9;sleep 1;redo} #Rev2

PPG256-1

the cots

    tote at mang
    cock to mabs

the coat

    bans no hack
    moat no poat
    mash of coed
    moes at hams

the bogs

    pand of coat
    cake on mas
    dell no cash

the tack

    cans of tams
    taws no conk
    mate no hots

the deed

    caws no band
    bash of died
    cock of mids
    cale at bull
    mat of pore

the ming

    rall no boar
    mont on coed
    hoes of denk
    cows of mack
    bash no lale

the dick

    take of raws
    bast of labs
    cosh on tole
    bong at had

the lall

    togs at mill
    hant at dint
    male no hare
    cots of cong
    tops of buts

the cang

    bat at cont

the dims

    pank of mad
    deed to cake
    past on paps
    bong on tods

the tar

    hate at pabs
    bate to mags
    mand no mong
    host of tont
    buds to dick

the cake

    dete on lats
    rat to bobs
    bops of mast
    mans no car
    lake to miws

the mine

    haps no cags

    buke no mole
    cobs no host
    rale on mams
    pond on bunk

the mang

    cong at tank

the cops

    bash at dish
    cock of hoed
    boms no coll

the posh

    toat at rar
    hole of dile
    pods to pall
    pat of cams
    mobs on mack

the buts

    cang at cans
    hods at tabs
    cock at rate

the bote

    hack to cogs

the tods

    cams at dite
    core on mine
    pogs no dids
    mint at tags

the cops

    tong on tat
    poar of take

the dems

    cale at monk
    pats of hoke

the bush

    bad no hash
    coke to hogs

the cots

    cote no mock

    hods of cash
    care on post
    dips of boes

the pant

    tast on bast
    bure on pont

the mims

    deke on deck
    pat no posh
    moes to tore
    car to cats

the hank

    poll of tows
    bonk to mams

the tast

    tank at mist
    rags no caps
    cat no lare
    baws of bows

the poke

    hows no more
    coke no dims
    ming on cote

the cobs

    bust at bong
    cats no mire

the diws

    deps on mile

the poms

    tonk of mips
    hant on poms
    bums on deds

the rate

    mike of cont

the cont

    tong to rare
    mick to dire
    paws to toes . . .

PPG256-2

#!/usr/bin/perl -l

sub p{@_=split/_/,pop;$_[rand@_]}{$_=p("sw_-aw_&w_saw"."_ "x$i);s//p(aw_w)/e;s// /g;$_="\n\nthe s\n"if!$i;s/s/ws/;s/a/p(a_the_to_of)/e;s/w/p(b_ch_f_gr_k_p_sh_s_sk_sp_tw)/.i.p(ll_n_t)/eg;s/(b|p|f)i/$1.p(a_i)/e;print;$i=0if$i++>6+rand 9;sleep 1;redo} #On 5.12

PPG256-2

the shills

   pit skills to sit
   bin & chit
   spit
   fat & spit
   grit shits of twin
   of shin
   to chill bans fin
   a sit
   of fan
   of shill
   to shin

the skins

   to fin bits a spit
   shit & twill
   of spall - a pill
   a skin
   sill
   the shin & bit
   a chill
   the bill
   chit
   pall

a sit

the kills

   span - a shin
   fan - to bill
   of pin
   kit spits of grill
   spall
   ball
   of skit
   the spit
   grit
   skit
   grit skits to kin

the twins

   fin shills chit
   a skit fills a fin
   a sill - a kit
   sin
   to spin - a kit
   ban sits sin
   the kit
   a shin
   of shin
   a shit
   a shin
   to skill sits a spin
   shill

the skits

    the pill - a fit
    to spat
    of grill bins a shit
    twin - to fit
    sill
    chit
    to shill - a fill
    a bit
    shit & pin
    the spall fins a fit

the fats

    the kill & chin
    spill sits grill
    bat pits pit
    the pat fins a sill
    of grit - a spall
    shin
    the pat
    to kit
    pall
    of shill

the skins

    a grill sits skit
    sill & skin
    the chin shins a grin
    to bin

a pan & sit
shill
to chill
the chin
fill & pill
ball

the twills

shin
sin
to skin
chit & chill
twill
to grill chits spin
shin
shit sits the grin
to shin
chin kits kit

the skills

to spill & shit
pat & skin
sill skits the twill
of chin - a kill
fill
grin
chin fans twit
of span

the skits

> bit & bin
> skit
> kin
> a shit - a pan
> chill - to fat
> fin
> ball
> kin
> to grill

the fits

> the bit chills spit
> chin chins grit
> the skin
> grit
> sit & pit
> skit
> chin & chill
> pall

the grits

> pat & twit
> fin fits of twit
> sin bits twit
> pit
> fill
> kit
> to pall pits bin

the sins

    skit & grit
    grill
    a chin - a spall
    grit - to skin
    fall & grin
    to skill kills a fat
    of ban
    to skin
    a shin bats fin

the shits

    of pit
    sin - the grill
    a pin
    of twin & shill
    to sill
    sill skills kit
    sin
    the grit

the twits

    skin - of fat
    a fill & shit
    the grin
    a shill & pit
    to kit skins pin
    pat
    pan spins twill

    twin - of skin
    pall & twill
    a pall

the grits

    spall & pill
    fit
    the sit
    fall & grill
    pit
    the spit
    to fat
    spat sins to spit

the twins

    kit & shin
    spat & pin
    chill
    ban
    to grin
    a kit
    kit spats the twin
    chill - of fin

the chits

    shit - to kin
    kill
    a ban spins kit
    to fat kills kill . . .

PPG256-3

```perl
#!/usr/bin/perl -l

sub p{(unpack"(A3)*",pop)[rand 18]}sub w{p("apebotboyelfgodmannun
orcgunhateel"x2)}sub n{p("theone"x8)._.p(bigdimdunfathiplitredwanw
ax)._.w.w."\n"}{print"\n".n."and\n".n.p("cutgothitjammetputransettop"x
2)._.p("herhimin it offon outup us "x2);sleep 4;redo} #
```

PPG256-3

the__boyape
and
the__godman
ran_her

the_big_apebot
and
one_wan_botgod
jam_her

_wax_elfboy
and
the__hatman
hit_out

one_dun_orcman
and
the__guneel
met_him

one__elfgun
and
_hip_boyelf
hit_up

one_fat_apegod
and

the_wan_godman
met_up

the__hatape
and
one__manboy
hit_in

the__boyboy
and
the__orcorc
met_out

the_fat_orcnun
and
one__manape
hit_up

the_dim_boygod
and
the__apenun
got_in

one__boyorc
and
the_fat_boynun
hit_it

one__gunape
and
__manhat
jam_in

one__manboy

and
the_dun_nunnun
put_off

the_wax_elfgod
and
one__botbot
top_off

one_lit_elfelf
and
the__apeboy
got_him

one__godorc
and
one__apeboy
set_in

_wax_mangod
and
the__elfelf
cut_in

one__boyelf
and
one__botboy
ran_out

one__elfape
and
the__boyboy
put_off

the__nunelf
and
one__eelnun
cut_out

one__nuneel
and
the__boyman
cut_on

_big_apeman
and
the_fat_boynun
hit_her

one__boyman
and
the_dim_nuneel
got_it

one __apehat
and
one__godgod
jam_us

_hip_elfgod
and
one_red_orcboy
jam_him

one__nunbot
and
the__boygun
top_on

the_red_elfnun
and
one_fat_boteel
hit_her

the_lit_manelf
and
the__mangun
hit_in

one__botape
and
one_red_manman
ran_off

__boyape
and
one__elfnun
put_us

the__boynun
and
the__orcape
ran_it

one_dun_hatgun
and
one_lit_orceel
set_her

one__godman
and
the_hip_apenun
got_off

the__botboy
and
one_dim_nunape
hit_up

the_dim_guneel
and
_big_boteel
met_off

the__manbot
and
the_dun_orcman
ran_on

one__mannun
and
one __gunbot
ran_off

the __manbot
and
one_wan_orcman
top_up

the__elfape
and
one_hip_eeleel
got_off

the__apeeel
and
the__nuneel

jam_out

one_red_eelboy
and
the__orcboy
got_in

__boyboy
and
__apegod
put_us

one_fat_botgun
and
one_fat_nungod
put_it

the__apeboy
and
the__elfman
put_him

the__apeape
and
the__botman
ran_in

one__nunboy
and
the_wan_gunboy
top_her

one__orceel . . .

PPG256-4

#!/usr/bin/perl -l

sub c{@_=split/_/,pop;$_[rand@_]}sub w{c(b_br_d_f_fl_l_m_p_s_tr_w).c(ad_ag_ap_at_ay_ip_on_ot_ow)}{print"\n".c(be_de_mis_re_pre_).w." ".c(a_on_the_that_)." ".w.w.", ".c(boss_bro_buddy_dogg_dude_guy_man_pal_vato);sleep 4;redo} #No LED sign version, Perl 5.12

PPG256-4

deflad the miplon, dogg

premip the tradbad, boss

bewip that fayway, boss

predag that matwad, vato

premad on fapmot, bro

bepot on datson, man

missad a tradwap, guy

detrot a mondon, vato

desay that bowwap, dude

preflat that siptrow, dude

prebron on brattrad, pal

prebrip that wadlot, dude

prelip the brondad, buddy

miswap on miplag, buddy

prelad a faplip, vato

resat on padflon, vato

dedat the lagsap, man

dedad that tradlot, dude

bewag that wipbip, dude

prepag a dadwip, vato

misfip that mipfip, dude

predag the flaymap, boss

bebrat the fatlow, buddy

depon on dapwat, bro

misdad that browmad, boss

reway that daysow, boss

prewon that bowfot, pal

demow a ponbat, boss

dedad that fonflon, vato

demad a flonbray, man

mispon on tratpip, man

betrad the padmad, pal

repow that fagfat, boss

remot that fotflag, dogg

rebad on flagmon, vato

betrat that traptrot, dude

bebrad that flapflap, boss

misdip a bratwot, boss

miswow a latpay, boss

beflag the trotdip, pal

misbrip on monflon, dude

misdad the madpag, pal

mistray that lapbron, buddy

misbag on lonwon, bro

defow the ponson, man

prewap on pipflad, bro

reflow the fonflow, vato

bebrot on wadbrap, buddy

misbray on fipdad, boss

prewip a bagmap, pal

prepot a fagflon, man

mistrot the wotlat, man

beflad that wowflow, pal

delot the trayfow, pal

rewad that bapbot, dogg

reflon on patfad, dude

bepag on mapsag, dogg

beflag that dapdot, guy

missad on latwon, guy

retron on fowwip, man

debap the motflay, vato

reflow the wowway, dude

misflag a pagpon, man

beflip on waybon, dogg

bepot a powbrag, dogg

bemow on bagwag, vato

pretrap the tronwat, guy

debot a trowflag, vato

misdap that flagwow, pal

deflow on bradlot, dude

bepad that wotmap, boss

bepon a mapwap, pal

bebow the diptron, pal

preflot on biplat, man

misson a flagfad, pal

remip that donflip, vato

depat that bagbrip, guy

predip on bragbrip, bro

prewow a laybrad, man

prebrag a pagbot, buddy

resag the patflow, dogg

misbrad on braypap, dogg

misbray that bratwot, man

misbad on latlay, bro

beflay that flagtrip, guy

depon that wagpon, dogg

mistron that sipbot, dude

prelay the watbon, buddy

misflay a dipflay, man

relay on sapmon, guy

prefad the sotpon, man

miswip the traddip, pal

misday that flagsot, guy

relat that flipmad, vato

misbad on faptrag, man

misdip on bagsip, buddy

prebip a fladtrap, dude

bepot on flotpip, vato

belot a dotdat, guy

deway the lotsay, bro

prepip a pappon, man

prefap that tratmad, guy

misdot a bonpad, dude

pretray that bronbrap, pal

refow the saysat, bro

demow on sotbot, pal

prefot a latdip, guy

rebrag the fowlip, pal

preflad the sipday, vato

preway a laywat, guy

bebay the fappay, vato

prebay a pagwot, dogg

preflat a bonson, bro

prefow the saydad, man

rebag the wipdat, buddy

desad a pipson, bro . . .

PPG256-5

#!/usr/bin/perl -l

@a=split/_/,conceptual_digit_flarf_maximal_modern_pixel_quiet_real;sub f{pop if rand>.5}sub w{$a[rand@a]}{print f(post).w."ism ".w."s ".f("the ").w."\n".(" "x45)."WHAT DOES ppg DO?";$a[rand@a]=~s/[aeio]/substr(aeio,rand 4,1)/e if $l++>5;sleep 5;redo} #Rev2

PPG256-5

flarfism digits the flarf
                      WHAT DOES ppg DO?
postrealism conceptuals digit
                      WHAT DOES ppg DO?
conceptualism pixels pixel
                      WHAT DOES ppg DO?
postquietism digits the pixel
                      WHAT DOES ppg DO?
modernism maximals the flarf
                      WHAT DOES ppg DO?
postquietism maximals real
                      WHAT DOES ppg DO?
flarfism reals the pixel
                      WHAT DOES ppg DO?
postpixelism pixels modern
                      WHAT DOES ppg DO?
flarfism digits pixel
                      WHAT DOES ppg DO?
conceptualism quiets the digit
                      WHAT DOES ppg DO?
postraalism pixels the pixel
                      WHAT DOES ppg DO?
pixelism flarfs the flarf
                      WHAT DOES ppg DO?
postquietism flarfs digit
                      WHAT DOES ppg DO?
postquietism quiets the pixel

WHAT DOES ppg DO?
postdigitism pixels the modern
WHAT DOES ppg DO?
digitism moderns maximal
WHAT DOES ppg DO?
postmodernism quiets the digit
WHAT DOES ppg DO?
postmodernism flarfs the maximal
WHAT DOES ppg DO?
postflarfism moderns digit
WHAT DOES ppg DO?
pexelism pexels the real
WHAT DOES ppg DO?
realism pexels real
WHAT DOES ppg DO?
conceptualism moximals the digit
WHAT DOES ppg DO?
quietism quiets flarf
WHAT DOES ppg DO?
postpexelism quaets real
WHAT DOES ppg DO?
postdigitism pexels the quaet
WHAT DOES ppg DO?
postconceptualism miximals the real
WHAT DOES ppg DO?
miximalism maderns the conceptual
WHAT DOES ppg DO?
postmadernism maderns real
WHAT DOES ppg DO?
realism quaets canceptual
WHAT DOES ppg DO?
medernism quaets the canceptual
WHAT DOES ppg DO?
postpixelism maderns the quaet

     WHAT DOES ppg DO?
postrealism moximals madern
     WHAT DOES ppg DO?
postrealism canceptuals the flarf
     WHAT DOES ppg DO?
queetism reals real
     WHAT DOES ppg DO?
postflarfism moximals the madern
     WHAT DOES ppg DO?
moximalism maderns the cinceptual
     WHAT DOES ppg DO?
miximalism pexels the real
     WHAT DOES ppg DO?
queetism digits the conceptual
     WHAT DOES ppg DO?
postmadernism conceptuals flerf
     WHAT DOES ppg DO?
flerfism flerfs the pexel
     WHAT DOES ppg DO?
postmadernism pexels madern
     WHAT DOES ppg DO?
postconceptualism degits pixel
     WHAT DOES ppg DO?
postroalism conceptuals the roal
     WHAT DOES ppg DO?
postqueetism conceptuals the pixel
     WHAT DOES ppg DO?
queetism miximals conceptual
     WHAT DOES ppg DO?
meximalism queets degit
     WHAT DOES ppg DO?
degitism roals the modern
     WHAT DOES ppg DO?
flerfism roals flerf

                        WHAT DOES ppg DO?
quietism roals the quiet
                        WHAT DOES ppg DO?
roalism degits the degit
                        WHAT DOES ppg DO?
degitism meximals meximal
                        WHAT DOES ppg DO?
postmeximalism meximals digit
                        WHAT DOES ppg DO?
cinceptualism flarfs the digit
                        WHAT DOES ppg DO?
postdigitism digits meximal
                        WHAT DOES ppg DO?
postflarfism maderns quiet
                        WHAT DOES ppg DO?
postmadernism cinceptuals quiet
                        WHAT DOES ppg DO?
cinceptualism digits the flarf
                        WHAT DOES ppg DO?
pixelism maderns quiet
                        WHAT DOES ppg DO?
digitism digits the flirf
                        WHAT DOES ppg DO?
meximalism digits cinceptual
                        WHAT DOES ppg DO?
postcinceptualism digits the flirf
                        WHAT DOES ppg DO?
postmadernism queets the cinceptual
                        WHAT DOES ppg DO?
degitism degits cinceptual
                        WHAT DOES ppg DO?
postqueetism cinceptuals the cinceptual
                        WHAT DOES ppg DO?
degitism quiets degit

                    WHAT DOES ppg DO?
cinceptualism flarfs poxel
                    WHAT DOES ppg DO?
postmadernism quiets the quiet
                    WHAT DOES ppg DO?
madernism meximals the madern
                    WHAT DOES ppg DO?
meximalism pexels degit
                    WHAT DOES ppg DO?
postmadernism flarfs rial
                    WHAT DOES ppg DO?
postmeximalism rials conceptual
                    WHAT DOES ppg DO?
postflarfism cenceptuals the quiet
                    WHAT DOES ppg DO?
postflarfism quiets the pexel
                    WHAT DOES ppg DO?
postmadernism flerfs the flerf
                    WHAT DOES ppg DO?
cenceptualism pexels the madern
                    WHAT DOES ppg DO?
postroalism roals the flerf
                    WHAT DOES ppg DO?
meximalism pexels quiet
                    WHAT DOES ppg DO?
flerfism mederns roal
                    WHAT DOES ppg DO?
flerfism roals meximal
                    WHAT DOES ppg DO?
flerfism flerfs the degit
                    WHAT DOES ppg DO?
degitism meximals the quiet
                    WHAT DOES ppg DO?
postdegitism rials the cenceptual

WHAT DOES ppg DO?
flerfism rials the rial
WHAT DOES ppg DO?
postdegitism flarfs quiet
WHAT DOES ppg DO?
postquaetism flarfs modern
WHAT DOES ppg DO?
postmodernism rials the meximal
WHAT DOES ppg DO?
rialism rials the cinceptual
WHAT DOES ppg DO?
cinceptualism flarfs rial
WHAT DOES ppg DO?
postflarfism quaets cinceptual
WHAT DOES ppg DO?
modernism quaets the poxel
WHAT DOES ppg DO?
postpoxelism maderns meximal
WHAT DOES ppg DO?
postmadernism rials dogit
WHAT DOES ppg DO?
postmadernism rials the dogit
WHAT DOES ppg DO?
flirfism maderns cinceptual
WHAT DOES ppg DO?
poxelism meximals the madern
WHAT DOES ppg DO?
postpoxelism degits poxel
WHAT DOES ppg DO?
realism flerfs poxel
WHAT DOES ppg DO?
postpoxelism flerfs the real
WHAT DOES ppg DO?
postmaximalism quaets the maximal

    WHAT DOES ppg DO?
flerfism quaets poxel
    WHAT DOES ppg DO?
postconceptualism flerfs flerf
    WHAT DOES ppg DO?
maximalism flerfs the flerf
    WHAT DOES ppg DO?
realism miderns flerf
    WHAT DOES ppg DO?
postdegitism reals miximal
    WHAT DOES ppg DO?
conceptualism paxels the paxel
    WHAT DOES ppg DO?
medernism degits conceptual
    WHAT DOES ppg DO?
postflerfism degits the pixel
    WHAT DOES ppg DO?
postquaetism quaets quaet
    WHAT DOES ppg DO?
postquaetism reals the quaet
    WHAT DOES ppg DO?
florfism moderns the pixel
    WHAT DOES ppg DO?
postquietism quiets pixel
    WHAT DOES ppg DO?
postquietism reals the florf
    WHAT DOES ppg DO?
realism florfs dagit
    WHAT DOES ppg DO?
realism pixels the quiet
    WHAT DOES ppg DO?
postmidernism dagits the dagit
    WHAT DOES ppg DO?
postflirfism miderns the pixel . . .

PPG256-6

#!/usr/bin/perl -l

@d=split/_/,eros_won_to_tree_for_fire_sex_sever_ate_nice_tin_elfin_wealth;@t=split//,"_bhlmnpstw";{$_=localtime;/(..):(.)(.):(.)(.)/;print"\n $t[$3]".($4%2)."ck $t[$4].($3%2)."ck\n"if!$5;print"\\"x$5." $d[$1%12] $d[$2] $d[$3] $d[$4] $d[$5]";sleep 1;redo} #

PPG256-6

\\\ ate tree for won tree
\\\\ ate tree for won for
\\\\\ ate tree for won fire
\\\\\\ ate tree for won sex
\\\\\\\ ate tree for won sever
\\\\\\\\ ate tree for won ate
\\\\\\\\\ ate tree for won nice

m0ck h0ck

 ate tree for to eros
\ ate tree for to won
\\ ate tree for to to
\\\ ate tree for to tree
\\\\ ate tree for to for
\\\\\ ate tree for to fire
\\\\\\ ate tree for to sex
\\\\\\\ ate tree for to sever
\\\\\\\\ ate tree for to ate
\\\\\\\\\ ate tree for to nice

m1ck l0ck

 ate tree for tree eros
\ ate tree for tree won
\\ ate tree for tree to
\\\ ate tree for tree tree

\\\ ate tree for tree for
\\\\ ate tree for tree fire
\\\\\ ate tree for tree sex
\\\\\\ ate tree for tree sever
\\\\\\\ ate tree for tree ate
\\\\\\\\ ate tree for tree nice

m0ck m0ck

 ate tree for for eros
\ ate tree for for won
\\ ate tree for for to
\\\ ate tree for for tree
\\\\ ate tree for for for
\\\\\ ate tree for for fire
\\\\\\ ate tree for for sex
\\\\\\\ ate tree for for sever
\\\\\\\\ ate tree for for ate
\\\\\\\\\ ate tree for for nice

m1ck n0ck

 ate tree for fire eros
\ ate tree for fire won
\\ ate tree for fire to
\\\ ate tree for fire tree
\\\\ ate tree for fire for
\\\\\ ate tree for fire fire
\\\\\\ ate tree for fire sex
\\\\\\\ ate tree for fire sever
\\\\\\\\ ate tree for fire ate
\\\\\\\\\ ate tree for fire nice

n0ck _1ck

ate tree fire eros eros
\ ate tree fire eros won
\\ ate tree fire eros to
\\\ ate tree fire eros tree
\\\\ ate tree fire eros for
\\\\\ ate tree fire eros fire
\\\\\\ ate tree fire eros sex
\\\\\\\ ate tree fire eros sever
\\\\\\\\ ate tree fire eros ate
\\\\\\\\\ ate tree fire eros nice

n1ck b1ck

 ate tree fire won eros
\ ate tree fire won won
\\ ate tree fire won to
\\\ ate tree fire won tree
\\\\ ate tree fire won for
\\\\\ ate tree fire won fire
\\\\\\ ate tree fire won sex
\\\\\\\ ate tree fire won sever
\\\\\\\\ ate tree fire won ate
\\\\\\\\\ ate tree fire won nice

n0ck h1ck

 ate tree fire to eros
\ ate tree fire to won
\\ ate tree fire to to
\\\ ate tree fire to tree
\\\\ ate tree fire to for
\\\\\ ate tree fire to fire
\\\\\\ ate tree fire to sex
\\\\\\\ ate tree fire to sever

\\\\\\\ ate tree fire to ate
\\\\\\\\ ate tree fire to nice

n1ck l1ck

 ate tree fire tree eros
\ ate tree fire tree won
\\ ate tree fire tree to
\\\ ate tree fire tree tree
\\\\ ate tree fire tree for
\\\\\ ate tree fire tree fire
\\\\\\ ate tree fire tree sex
\\\\\\\ ate tree fire tree sever
\\\\\\\\ ate tree fire tree ate
\\\\\\\\\ ate tree fire tree nice

n0ck m1ck

 ate tree fire for eros
\ ate tree fire for won
\\ ate tree fire for to
\\\ ate tree fire for tree
\\\\ ate tree fire for for
\\\\\ ate tree fire for fire
\\\\\\ ate tree fire for sex
\\\\\\\ ate tree fire for sever
\\\\\\\\ ate tree fire for ate
\\\\\\\\\ ate tree fire for nice

n1ck n1ck

 ate tree fire fire eros
\ ate tree fire fire won
\\ ate tree fire fire to

\\\ ate tree fire fire tree
\\\\ ate tree fire fire for
\\\\\ ate tree fire fire fire
\\\\\\ ate tree fire fire sex
\\\\\\\ ate tree fire fire sever
\\\\\\\\ ate tree fire fire ate
\\\\\\\\\ ate tree fire fire nice

p0ck _0ck

 ate tree sex eros eros
\ ate tree sex eros won
\\ ate tree sex eros to
\\\ ate tree sex eros tree
\\\\ ate tree sex eros for
\\\\\ ate tree sex eros fire
\\\\\\ ate tree sex eros sex
\\\\\\\ ate tree sex eros sever
\\\\\\\\ ate tree sex eros ate
\\\\\\\\\ ate tree sex eros nice

p1ck b0ck

 ate tree sex won eros
\ ate tree sex won won
\\ ate tree sex won to
\\\ ate tree sex won tree
\\\\ ate tree sex won for
\\\\\ ate tree sex won fire
\\\\\\ ate tree sex won sex
\\\\\\\ ate tree sex won sever
\\\\\\\\ ate tree sex won ate
\\\\\\\\\ ate tree sex won nice

p0ck h0ck

 ate tree sex to eros
\ ate tree sex to won
\\ ate tree sex to to
\\\ ate tree sex to tree
\\\\ ate tree sex to for
\\\\\ ate tree sex to fire
\\\\\\ ate tree sex to sex
\\\\\\\ ate tree sex to sever
\\\\\\\\ ate tree sex to ate
\\\\\\\\\ ate tree sex to nice

p1ck l0ck

 ate tree sex tree eros
\ ate tree sex tree won
\\ ate tree sex tree to
\\\ ate tree sex tree tree
\\\\ ate tree sex tree for
\\\\\ ate tree sex tree fire
\\\\\\ ate tree sex tree sex
\\\\\\\ ate tree sex tree sever
\\\\\\\\ ate tree sex tree ate
\\\\\\\\\ ate tree sex tree nice

p0ck m0ck

 ate tree sex for eros
\ ate tree sex for won
\\ ate tree sex for to
\\\ ate tree sex for tree
\\\\ ate tree sex for for
\\\\\ ate tree sex for fire

\\\\\\ ate tree sex for sex
\\\\\\\ ate tree sex for sever
\\\\\\\\ ate tree sex for ate
\\\\\\\\\ ate tree sex for nice

p1ck n0ck

 ate tree sex fire eros
\ ate tree sex fire won
\\ ate tree sex fire to
\\\ ate tree sex fire tree
\\\\ ate tree sex fire for
\\\\\ ate tree sex fire fire
\\\\\\ ate tree sex fire sex
\\\\\\\ ate tree sex fire sever
\\\\\\\\ ate tree sex fire ate
\\\\\\\\\ ate tree sex fire nice

s0ck _1ck

 ate tree sever eros eros
\ ate tree sever eros won
\\ ate tree sever eros to
\\\ ate tree sever eros tree
\\\\ ate tree sever eros for
\\\\\ ate tree sever eros fire
\\\\\\ ate tree sever eros sex
\\\\\\\ ate tree sever eros sever
\\\\\\\\ ate tree sever eros ate
\\\\\\\\\ ate tree sever eros nice

s1ck b1ck

 ate tree sever won eros . . .

PPG256-7

#!/usr/bin/perl -l

$_="a literal_a0a special01n array_1 hash";s/0/ variable_/g;s/1/an element of a/g;@_=split/_/;$;=concatenat;for(1..4){$a="\tSometimes he assigned to @_[$_]";for$i(0..4){$a.=" $_[$i], or",map{$a.=" $_[$i] $;ed with $_, or"}@_}print"$a some longer $;ion.\n"}

PPG256-7

    Sometimes he assigned to a variable a literal, or a literal concatenated with a literal, or a literal concatenated with a variable, or a literal concatenated with a special variable, or a literal concatenated with an element of an array, or a literal concatenated with an element of a hash, or a variable, or a variable concatenated with a literal, or a variable concatenated with a variable, or a variable concatenated with a special variable, or a variable concatenated with an element of an array, or a variable concatenated with an element of a hash, or a special variable, or a special variable concatenated with a literal, or a special variable concatenated with a variable, or a special variable concatenated with a special variable, or a special variable concatenated with an element of an array, or a special variable concatenated with an element of a hash, or an element of an array, or an element of an array concatenated with a literal, or an element of an array concatenated with a variable, or an element of an array concatenated with a special variable, or an element of an array concatenated with an element of an array, or an element of an array concatenated with an element of a hash, or an element of a hash, or an element of a hash concatenated with a literal, or an element of a hash concatenated with a variable, or an element of a hash concatenated with a special variable, or an element of a hash concatenated with an element of an array, or an element of a hash concatenated with an element of a hash, or some longer concatenation.

    Sometimes he assigned to a special variable a literal, or a literal concatenated with a literal, or a literal concatenated with a variable, or a literal concatenated with a special variable, or a literal concatenated with an element of an array, or a literal concatenated with an element of a hash, or a variable, or a variable concatenated with a literal, or a variable concatenated with a variable, or a variable concatenated with a special variable, or a variable concatenated with an element of an array, or a variable concatenated with an element of a hash, or a special variable, or a special variable concatenated with a literal, or a special variable concatenated with a variable, or a special variable concatenated with a special variable, or a special variable concatenated with an element of an array, or a special variable concatenated with an element of a hash, or an element of an array, or an element of an array concatenated with a literal, or an element of an array concatenated with a variable, or an element of an array concatenated with a special variable, or an element of an array concatenated with an element of an array, or an element of an array concatenated with an element of a hash, or an element of a hash, or an element of a hash concatenated with a literal, or an element of a hash concatenated with a variable, or an element of a hash concatenated with a special variable, or an element of a hash concatenated with an element of an array, or an element of a hash concatenated with an element of a hash, or some longer concatenation.

Sometimes he assigned to an element of an array a literal, or a literal concatenated with a literal, or a literal concatenated with a variable, or a literal concatenated with a special variable, or a literal concatenated with an element of an array, or a literal concatenated with an element of a hash, or a variable, or a variable concatenated with a literal, or a variable concatenated with a variable, or a variable concatenated with a special variable, or a variable concatenated with an element of an array, or a variable concatenated with an element of a hash, or a special variable, or a special variable concatenated with a literal, or a special variable concatenated with a variable, or a special variable concatenated with a special variable, or a special variable concatenated with an element of an array, or a special variable concatenated with an element of a hash, or an element of an array, or an element of an array concatenated with a literal, or an element of an array concatenated with a variable, or an element of an array concatenated with a special variable, or an element of an array concatenated with an element of an array, or an element of an array concatenated with an element of a hash, or an element of a hash, or an element of a hash concatenated with a literal, or an element of a hash concatenated with a variable, or an element of a hash concatenated with a special variable, or an element of a hash concatenated with an element of an array, or an element of a hash concatenated with an element of a hash, or some longer concatenation.

Sometimes he assigned to an element of a hash a literal, or a literal concatenated with a literal, or a literal concatenated with a variable, or a literal concatenated with a special variable, or a literal concatenated with an element of an array, or a literal concatenated with an element of a hash, or a variable, or a variable concatenated with a literal, or a variable concatenated with a variable, or a variable concatenated with a special variable, or a variable concatenated with an element of an array, or a variable concatenated with an element of a hash, or a special variable, or a special variable concatenated with a literal, or a special variable concatenated with a variable, or a special variable concatenated with a special variable, or a special variable concatenated with an element of an array, or a special variable concatenated with an element of a hash, or an element of an array, or an element of an array concatenated with a literal, or an element of an array concatenated with a variable, or an element of an array concatenated with a special variable, or an element of an array concatenated with an element of an array, or an element of an array concatenated with an element of a hash, or an element of a hash, or an element of a hash concatenated with a literal, or an element of a hash concatenated with a variable, or an element of a hash concatenated with a special variable, or an element of a hash concatenated with an element of an array, or an element of a hash concatenated with an element of a hash, or some longer concatenation.

ACKNOWLEDGMENTS

A JavaScript version of "Round" was published online by New Binary Press. "Ruby Yacht" was written for, and it and its output were published in, the collection *The Ill-Tempered Rubyist*. "The First M Numbers" and its output were published as a chapbook by No Press. The Concrete Perl poems were exhibited at FILE (Festival Internacional de Linguagem Eletrônica) in São Paulo. Concrete Perl and the ppg256 series were exhibited at Creative Art Congress 3 in Paris. "Alphabet Expanding" and its output were published in *Global Visuage*. "Letterformed Terrain" and its output were published in *The &Now Awards 2: The Best Innovative Writing*. "ppg256-1" was published in the *Electronic Literature Collection*, volume 2. "ppg256-4" was exhibited on an LED sign at the Axiom Gallery in Boston.

The poems in this book consist of computer programs followed by output from running these programs. Some of them use randomness (strictly speaking, pseudorandomness) and in one case a program's output depends on the current time. In these cases, running the program yourself will very likely produce different results. The programs are in Python (Guido van Rossum, 1991), Ruby (Yukihiro Matsumoto, 1995), and Perl (Larry Wall, 1987). You may type the programs in and run them if you like, or do whatever you want with them; all of them should be considered free software (offered entirely without warranty of any sort).

The computation in "Round" is done according to Jeremy Gibbons, "Unbounded Spigot Algorithms for the Digits of π," *American Mathematical Monthly*, 113 (4): 318–328, 2006.

"Taroko Gorge" has been remixed more than 20 times by poets who have rewritten the strings, code, or both. There are modified versions by Scott Rettberg, J.R. Carpenter, Talan Memmott, Eric Snodgrass, Mark Sample, Maria Engberg, Flourish Klink, Andrew Plotkin, Brendan Howell, Adam Sylvain, Leonardo Flores, Alireza Mahzoon, Sonny Rae Tempest, Kathi Inman Berens, Helen Burgess, Judy Malloy, Bob Bonsall, Chuck Rybak, Zach Whalen, John Pat McNamara, and James T. Burling, some of whom have done more than one work with "Taroko Gorge" as a starting point.

"I Am That I Am" is based on permutation poems by Brion Gysin and Ian Sommerville.

"The First M Numbers" is based on Claude Closky's *Les 1000 premiers nombres classés par ordre alphabétique.*

Nick Montfort's digital writing projects include *Sea and Spar Between* (with Stephanie Strickland) and *The Deletionist* (with Amaranth Borsuk and Jesper Juul). He developed the interactive fiction system *Curveship* and (with international collaborators) the large-scale story generation system *Slant*; was part of the group blog *Grand Text Auto*; wrote *Ream*, a 500-page poem, on a single day; organized *Mystery House Taken Over*, a collaborative "occupation" of a classic game; wrote *Implementation*, a novel on stickers, with Scott Rettberg; and wrote and programmed the interactive fictions *Winchester's Nightmare*, *Ad Verbum*, and *Book and Volume*.

Montfort wrote the book of poems *Riddle & Bind* and co-wrote *2002: A Palindrome Story* with Willliam Gillespie. The MIT Press has published four of Montfort's collaborative and individually-authored books: *The New Media Reader*, *Twisty Little Passages*, *Racing the Beam*, and most recently *10 PRINT CHR$(205.5+RND(1)); : GOTO 10*, a collaboration with nine other authors that Montfort organized. He is faculty advisor for the Electronic Literature Organization, whose *Electronic Literature Collection Volume 1* he co-edited, and is associate professor of digital media at MIT.